D1690863

OF

JAKOB ESCHENMOSER

Von Chur ins Bergell

SKIZZEN ZUR BAUKULTUR
AN ALTEN WEGEN GRAUBÜNDENS

ORELL FÜSSLI VERLAG ZÜRICH

Dem Menschen ist das Verlangen nach Wohlklang und Harmonie angeboren, und sein Auge sucht auch in Sichtbaren seiner Umwelt nach Klarheit, Maß und Ordnung. Dass er in seinem Verlangen auch heute noch vorwiegend im kulturellen Erbe vergangener Epochen Erfüllung findet, ist eine Mahnung an unsere Zeit.

Wappenstein in Scharans

Warum dieses Buch?

Als Motiv ist im Titel ein Weg, eine Reise in den Süden, enthalten. Eine Abwandlung also eines uralten Themas? Das Thema vom ewigen Drang des deutschen Menschen zu den sonnigen, kulturträchtigen Gefilden Italiens? Die Flut der Beschreibungen aus der Sicht von Archäologen, Historikern, Schriftstellern, Reisenden, ja vor allem von Reisenden, über die Beschwerlichkeit früherer Panfahrten bis hin zur Gemütlichkeit heutiger Autoreisen ist kaum mehr überblickbar. Warum also dem allem ein Weiteres beifügen wollen?

Die Frage ist berechtigt. In einer Hinsicht ist sie leicht zu beantworten, mit der Subjektivität nämlich, die jeder Darstellung eigen ist, sei es nun ein Erlebnisbericht oder ein wissenschaftlicher Exkurs. Außer der subjektiven Einmaligkeit ist freilich über deren Wert noch nichts ausgesagt; der Leser wird ihn ohnehin nach seinen individuellen Maßstäben abwägen. Und wenn das Unterfangen schon einer sachlichen Begründung bedürfte: Die Ansichten wandeln sich, und jede Generation sieht wieder andere Kriterien für die Beurteilung der sich ebenfalls ändernden Umwelt.

Der auslösende Faktor für die vorliegende Darstellung war der Umstand, daß mich viele Pflichtreisen über die im Titel stehende Route führten, daß mir aber unterwegs nie viel Zeit zum Verweilen blieb. Dabei stand so viel Verheißungsvolles am Wege, daß der Wunsch schließlich nicht mehr zu unterdrücken war, dem nur in flüchtiger Vorbeifahrt Wahrgenommenen etwas näher zu kommen. Dieses Nachschauen galt vor allem den kulturellen Zeugen aus Vergangenheit und Gegenwart, so wie sie sich heute zeigen. Die Thematik beschränkt sich, unbekümmert um geschichtliche Zusammenhänge und Hintergründe nur auf das Sichtbare, Heutige. Wenn dabei doch manche persönliche, scheinbar abseitige Erinnerung eingeflochten ist, mag dies dartun, dass sich – für jeden Einzelnen wieder anders – das innere und äussere Erleben an unseren Pfaden zu mancherreichen Mosaiken verdichtet.

Das Buch will weder Bilderbuch noch Reisebeschreibung sein. Letzteres schon deshalb nicht, weil sich der Stoff auf das punktuelle Herausgreifen einzelner Motive beschränken müsste. Nebst den manchmal wegen Witterung, Stimmung oder verfügbarer Zeit zufällig zustandegekommenen Skizzen ist auch – weniger in Zeichnungen als in Worten – Kritik an Missfälligem und an Fehlentwicklungen eingeflochten.

Bei aller Subjektivität der Darstellung verbindet sich mit ihr der Wunsch, der Betrachter möchte angeregt werden zu eigenem Schauen, zur Wahrnehmung und Wertschätzung des überlieferten Kulturgutes, nicht nur wo es sich in Paradestücken, sondern auch im Schlichten, Unscheinbaren äussert.

In unserer, von einer geradezu hektischen Reiselust geprägten Zeit wird oft vergessen, dass die Erlebnis- und Aufnahmefähigkeit des Menschen nicht unbegrenzt ist, wenn sie nicht in Oberflächlichkeit oder Blasiertheit ausarten soll. Jedenfalls wächst sie nicht mit zurückgelegten Kilometern. Das Schöne und Wertvolle steht auch im eigenen Lande überall am Wege, wenn wir es nur sehen wollen.

Die Route

Die erwähnten „Pflichtreisen" waren nicht allein ausschlaggebend für die Wahl des Themas. Die Schweiz verfügt über etliche markante Alpenübergänge, und jeder von ihnen vermittelt auf eigene Art das grosse Erlebnis des Wechsels vom Norden in den Süden. Die meisten dieser Passwege und -strassen sind sehr alt, entsprechend geschichtsträchtig und gesäumt von kulturellen Zeugen aus Jahrhunderten. Eine vergleichende Darstellung der Art dieses Kulturgutes wäre jedenfalls ein Unternehmen, dessen Faszination mit dem hier versuchten Beispiel nur angedeutet werden kann.

Beim Betrachten einer reliefischen Schweizerkarte fällt die grossartige, Nord-Süd gerichtete Geländefurche auf, die sich vom Bodensee das Rheintal hinauf, über die Lenzerheide, das Oberhalbstein und den Septimerpass bis ins Bergell erstreckt. Nach einer geringfügigen westlichen Abbiegung im Bergell sinkt diese Transversale in Chiavenna bis fast auf das Niveau des Comersees ab. Aber nicht nur die Einmaligkeit dieses markanten Nord-Südlinie ist interessant, sondern auch der Umstand, dass sie in ihrer ganzen Länge nur urbarisiertes, produktives Land berührt, denn auch die Passhöhen liegen noch in Weidegebiet. Dazu kommt, dass weder für die Ureinwohner, noch für die Römer unüberwindliche topographische Schwierigkeiten bestanden hatten, so dass die Besiedlung schon sehr früh einsetzen konnte, und sich auch später ein reiches kulturelles Geschehen hauptsächlich entlang der Passwege abwickeln konnte.

Beginn in Chur? Ein geflügeltes Wort sagt, dass alle Bündner Alpenpässe den Anfang in Chur hätten. Dies trifft na-

türlich nicht ganz zu, denn damit würde zumindest der Fluchtapan verleugnet. Es wäre in der Tat verlockend, mit der Reise schon in der „Herrschaft" zu beginnen, aber... dürfte man dann Sargans ignorieren? Das burgenreiche Rheintal? Den weiten Bodensee-Kulturraum? Angesichts solcher Perspektiven ist Chur zweifellos ein richtiger Ausgangspunkt. Der Endpunkt müsste eigentlich, der historischen und geographischen Bedeutung wegen, Chiavenna heissen, doch die Geschichte hat die Grenze anders gezogen. So endet die Reise denn in Castasegna, und die Frage bleibt offen, was der Weiterweg nach Süden wohl bringen möchte. Der Zufall will es übrigens, dass die Luftlinie Chur-Castasegna genau in Nord-Südrichtung verläuft.
Die geschilderte Geländefurche hat ihre Bedeutung als Verkehrsweg mit Ausnahme des Septimerpasses bis zum heutigen Tage bewahrt. Indessen ist im Laufe der Zeit eine namhafte Diversifizierung eingetreten. Mit dem Ausbau einzelner Strassenzüge, und insbesondere mit dem Bau der Albulabahn haben sich wesentliche Umlagerungen der Verkehrsströme ergeben. Einerseits hat die Möglichkeit, die Lenzerheide – und damit eine Gegensteigung – via Domleschg und die früher unpassierbare Schinschlucht zu umgehen, andererseits die Albulabahnstrecke Tiefencastel – Bergün – Bever diese Verlagerung bewirkt.
Der Einbezug solcher neuer Verkehrswege, und gar der Bahn, in eine Darstellung, die auf alten Wegen der Kultur nachgehen will, mag widersprüchlich erscheinen. Gerade die Albulabahn ist aber, nebst dem Julierpass, derart zu einem Begriff für die Reise ins Bergell geworden, dass sie nicht ignoriert werden kann. Und wenn schon Albulabahn, dann auch der Albulapass. Obwohl dieser eher auf das Unterengadin ausgerichtet ist, darf der kleine Umweg über La Punt nach Bever in Kauf genommen werden.

Diese Konstellation der Verkehrswege führt zwanglos zu einer Gruppierung der Darstellung in die Abschnitte

Chur – Thusis – Tiefencastel
Chur – Lenzerheide – Tiefencastel
Tiefencastel – Oberhalbstein – Septimer/Julier
Tiefencastel – Filisur – Albula
La Punt – Maloja
Maloja – Castasegna

CHUR – THUSIS – TIEFENCASTEL

Chur

Der Kapitale Graubündens wäre nicht allein der Grösse, sondern auch der kulturellen Bedeutung und Ausstrahlung wegen eine ausführliche Würdigung angemessen. Um aber im vorgefassten Rahmen des Buches nicht kopflastig zu werden, und da bei Chur ohnehin ein hoher Bekanntheitsgrad vorausgesetzt werden kann, beschränkt sich die Darstellung auf drei, wie mir scheint, besonders augenscheinliche Aspekte, nämlich den „Hof", den Charakter der Altstadt und das Gesicht der neuen Stadt.

Der auf einem Geländesporn am Ausgang des Plessurtales gelegene, den Bischofsitz und die Kathedrale umfassende „Hof" bildet auch heute noch einen imposanten Komplex. In der Vedute stellt er zwar heute nicht mehr wie einst die visuell bedeutsamste Dominante der Stadt dar. Deren bauliche Ausbreitung in der neuesten Zeit und auch einige grosse Schulbauten oberhalb des Hofs haben dieser Dominanz etwas Abbruch getan.

Die reizvolle Altstadt liegt eng gedrängt zu Füssen des Hofes. Wer angenommen hätte, in ihr schon etwas von rätoromanischem Einschlag zu finden, wird erstaunt feststellen, dass dem nicht so ist. Struktur, Bauart und Stilformen sind nicht wesentlich anders als bei vielen alten Städten im Mittelland und am Rhein. Es ist auch hier so, dass die überwiegende Zahl schlichter Bürgerhäuser kontrastiert mit reicheren städtebaulichen Elementen.

Dem von Norden Ankommenden bietet Chur zunächst freilich ein anderes Bild. Es ist der Aspekt zahlreicher Hochhäuser und Wohntürme. Die erste Reaktion mag ein Verwundern und Bedauern vor allem darüber sein, dass diese umstrittene Wohnform in der Kapitale eines Bergkantons überhaupt Eingang gefunden hat, oder finden musste. Ein gewisses Verständnis für die Form der Bauten wird indessen aufzubringen sein, wenn man bedenkt, dass — immer die Notwendigkeit einer Expansion vorausgesetzt — eine grossflächige Ausdehnung über die Rheinebene hin noch unerfreulicher gewesen wäre.

Chur, Arcas '78

Von Chur nach Domat Ems

Felsberg
Nur wenige Kilometer talaufwärts, auf der Brücke nach Felsberg hinüber, bietet sich ein völlig anderes Landschaftsbild, eine Variante sozusagen zum gleichen Talausschnitt wie wir ihn eben in Chur gesehen haben. Könnte der Kontrast grösser sein? Und stehen die Kirchtürme von Domat Ems und Tamins nicht wie eine Verheissung im Hintergrund?

Auf der Brücke nach Felsberg

Felsberg

Felsberg selbst: Von der Landstrasse aus ist ennet dem Rhein fast nur das helle Kirchlein sichtbar, und man wundert sich, wie das Dorf am Fusse dräuender Felswände und Geröllhalden überhaupt entstehen und Jahrhunderte überdauern konnte. Ein zweites Verwundern dann beim Durchstreifen des Dörfchens, vor allem über den ausgeprägt romanischen Einschlag, so nah dem vorwiegend alemannischen Chur. Winklig-schmale Gässchen, gemauerte Häuser und — in Chur wenig anzutreffen — mancherlei Sgraffitozier. Es wird auch kaum jemand versäumen, das reizvoll auf einer kleinen Felskuppe gelegene, über eine gedeckte Treppe erreichbare Kirchlein zu besuchen.

Domat Ems

Die Landschaft bei Domat Ems ist geprägt durch zahlreiche, auffallende Rundhöcker, Tumas genannt. Die Geologen erklären sie als Ueberreste eines urzeitlichen Bergsturzes, durch Jahrtausende hindurch von Wind und Wetter, wohl auch vom Rhein erodiert, gefeilt und gerundet. Die vier östlichen Tumas bilden einen nach Osten offenen Halbkreis, in welchen das Dorf eingebettet und von der Landstrasse in einer S-förmigen Schleife durchzogen ist.

Die Verheissung auf der Felsberger Brücke erfüllt sich auf Schritt und Tritt in reichem Masse. Der nördliche, dicht am Rhein stehende Tuma trägt die Kirchenanlage S. Gion, eine der eigenartigsten weit und breit. Der Aufstieg durch den Terrassenfriedhof, die auf die Form des Felskopfes zugeschnittene Vorhalle und die alte Kirche selbst, dazu die Nebenkapelle und das Beinhaus sind ein Erlebnis, das immer wieder zum Besuche lockt.

Angesichts von S. Gion mag es bei aller sonstigen Sympathie

für das Dorf trivial scheinen, zwei unschöne Zustände zu erwähnen, mit denen man sich unweigerlich konfrontiert sieht, und die nicht sein sollten, weder hier noch anderorts.

Der eine ist das anachronistische Missverhältnis zwischen Durchgangsverkehr und dörflicher Struktur. Die Häuser stehen in geschlossenen Zeilen an der Hauptstrasse, münden mit ihren Haustüren direkt auf diese aus, und sind teilweise nur auf Bordsteinbreite vom Verkehr getrennt. Das bare Grausen! Von Wohnqualität kann keine Rede mehr sein. Es ist ein beträchtlicher Verkehr, an dem offensichtlich nicht nur Domat Ems beteiligt ist, und dies ist umso erstaunlicher, als unmittelbar am Dorf die Autobahn vorbeiführt. Unter diesen Umständen bleibt unerfindlich, warum der trotzdem noch vorhandene Durchgangsverkehr nicht durch rigorose Geschwindigkeitsbegrenzungen gedämpft, oder durch Lichtsignale dosiert wird.

Der zweite Punkt: In nur wenigen Schritten Abstand von der schönen Barockkirche, und ebenfalls in der Flucht der Hauptstrasse, steht ein modernes Geschäfts- und Wohnhaus. Nicht nur dessen städtisches Gehaben in der Architektur ist hier fehl am Platze, sondern auch die Baulänge. Mit der wohl dreissig Meter langen Fassade, was etwa drei bis vier Frontbreiten des ortsüblichen Haustyps entspricht, ist jede massstäbliche Einordnung missachtet. Noch ein oder zwei solche Blöcke im Ortskern, und der Charakter des sonst so liebenswürdigen Dorfes wäre endgültig zerstört.

Liebenswürdig: An einer Stelle — ebenfalls an der Hauptgasse — wo so etwas am wenigsten zu erwarten wäre, trifft man bei einer Hausecke auf eine Statue, offenbar von einem zeitgenössischen Künstler geschaffen. Die Art erinnert an die ebenfalls neuen Kreuzweg-Stationenbilder in der Mauer beim Aufgang zu S.Gion.

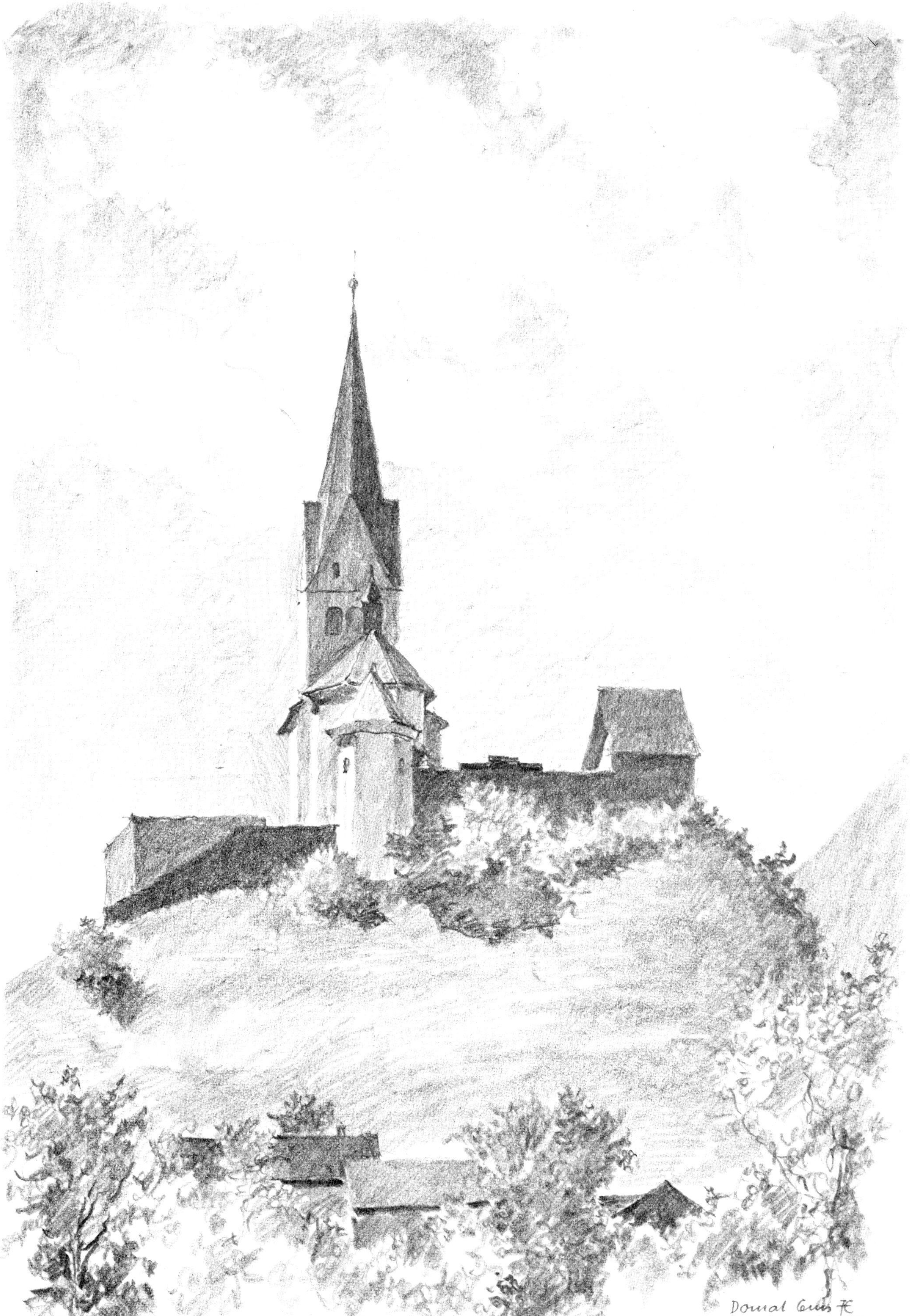
Domat Ems
77

Domtar Guns JE 78

Ems und Reichenau

Die Emserwerke

Der grösste Industriekomplex im Kanton, an einer Hauptstrasse gelegen, kann nicht übersehen werden. Niemand wird behaupten wollen, die Anlagen seien eine Zierde; objektiv betrachtet darf man aber wohl sagen, dass der Standort hinsichtlich der Landschaft eigentlich günstig gewählt ist. Diese ist grossräumig, und ihre hohen Horizonte werden durch die Bauten und Installationen kaum nennenswert überschritten.

Wenn für viele Menschen Fabriken à priori hässlich sind, beruht dies meistens auf Vorurteilen. Statt dieser grundsätzlichen Ablehnung gäbe es aber eine ästhetische Betrachtungsweise, die in den abstrakten Elementen der Industriearchitektur — die eigentlich nicht Architektur sein will — ein Formenspiel sieht, das in der modernen Kunst, denken wir vor allem an Skulpturen, schon längst Eingang gefunden hat.

Kiesgrube bei Reichenau

Eine andere Art Industrie, in verschiedenen Ausprägungen im ganzen Kanton anzutreffen, sind die Steinbrüche und Kiesgewinnungsanlagen.

Den schmalen Eingang in eine Kiesgrube, die durch einen Waldsaum aussergewöhnlich gut getarnt ist, habe ich zwischen den Schuppen des Bahnhofes Reichenau hindurch in den Blick bekommen.

Reichenau 78

Reichenau

Die Schlossanlage liegt direkt an der einstmals wichtigen Gabelung der Unterlandstrasse in das Oberland und das Domleschg. Die Art, wie die Strassen in die Anlage hinein- und hindurchführen, nämlich rechtwinklig um die Hausecken herum, setzen den Begriff „Schloss" geradezu wörtlich vor Augen: Zuschnappen, Schliessen. Reichenau scheint aber doch weniger diese Funktion gehabt zu haben, als jene einer Transportstation, wie die umfangreichen, noch heute bestehenden Stallungen und Remisen vermuten lassen. An der Strassenverzweigung steht ein alter Wegweiser:

← Thusis Cleven Bellenz | Ilanz Oberland Ury →

Respektable Distanzen also, noch heute! Doch deuteten sie einst auf Tagereisen hin, während heute mit Autominuten und -stunden verglichen wird.

Reichenau 78

Von Rhäzüns nach Cazis

Nach Überquerung des Rheines wenden sich Bahn und Strasse in steilen Schleifen zum sogenannten Rhäzünserboden hinauf, einer weiten Ebene, die für Botaniker nicht minder interessant zu sein scheint als für Geologen. Das uns interessierende Sichtbare ist aber nebst den Dörfern Bonaduz und Rhäzüns vor allem der sich im Süden öffnende Taleinschnitt, in dessen Senke das Schloss Rhäzüns die strategisch wichtige Situation versinnbildlicht. Bevor wir in die Klus eintreten, gönnen wir einen Blick dem kleinen Kirchlein auf einer

Cazis 77

Kuppe am östlichen Rande der Ebene, welches sich nur mit einem aus den Bäumen hervorlugenden Türmchen verrät, aber nicht im geringsten ahnen lässt, dass es seiner Fresken wegen ein Denkmal von nationaler Bedeutung ist.

Die Klus zwischen Rhäzüns und Rothenbrunnen muss bis in die geschichtliche Zeit hinein eine Durchquerung ziemliche Schwierigkeiten bereitet haben, und so dürfte die Vermutung naheliegen, dass die frühesten Wege etwa auf der Höhe von Präz dem Heinzenberg entlang geführt haben, bevor dann die rechtsseitige Landstrasse (heute „Alte Landstrasse") von Rothenbrunnen nach Domat Ems gebaut wurde.

In Rothenbrunnen wendet sich die heutige Hauptstrasse nicht etwa dem eigentlichen Domleschg auf der östlichen Talseite zu, sondern verläuft dem Fusse des Heinzenbergs entlang Richtung Thusis.

Cazis

Der eilig Durchreisende wird hier zwar einen flüchtigen Blick auf die interessante Gruppe der Klosterbauten erhaschen; die anderen Sehenswürdigkeiten, wie die Kapelle St. Wendelin und einige schöne Hauseingänge erfährt man nur beim Durchschreiten der alten Dorfstrasse. Ein weiteres Bau- und Kulturdenkmal, die mittelalterliche Kirche Sogn Martegn, steht merkwürdig beziehungslos im freien Feld vor dem Dorf.

St. Wendelin in Cazis
1977

Thusis

Sowohl verkehrsmässig wie ortsbaulich ist Thusis ein eindrücklicher Ort, nicht nur im geschichtlichen Rückblick, sondern auch heute noch. Ein Ort auch des Nachdenkens über manche Zeiterscheinungen.

Spätestens seit dem Mittelalter ist Thusis eng verbunden mit dem Passverkehr über den Splügen und S. Bernardino. Das frühe Aufkommen dieser Nord-Südverbindungen ist umso erstaunlicher, als die Roflaschlucht und vor allem die Viamala gewaltige Hindernisse bedeuteten.

Was aber vor allem sicht- und hörbar in die Gegenwart hereinreicht, ist der enorme Verkehr über den S. Bernardino, der wohl noch für einige Jahre fast pausenlos durch die Hauptgasse von Thusis rollt. Es vergeht kaum ein Jahr, das nicht neue Rekorde fast triumphierend kundgetan werden. Besteht wirklich Grund dazu? Mir scheint, es stimme eher nachdenklich. Was hat die Autostrasse den Talschaften gebracht? Aus der Sicht des Heimat- und

Thusis, Untere Gasse
1977

Naturschützer sieht nichts Positives. Die Bergdörfer besser erschlossen? Erschlossen für was? Da war zum Beispiel das Dörfchen San Bernardino. Hier wurde alsobald mit Bauen begonnen, gewiss nicht mit dem Kapital der „armen Bergbauern". Der Raum war zwar knapp, aber man wusste sich zu helfen. So sagte der Gemeindepräsident: „Wenn wir in der Breite zu wenig Platz haben, bauen wir eben in die Höhe". Ecco, so einfach ist das. Von Landschaft war nicht die Rede.

Die Sorge um die Erhaltung der alpinen Kulturlandschaft ist weit verbreitet und nur allzu berechtigt. Jede Hilfe an die Bergbauern ist deshalb unterstützenswert. Aber jeder Franken, der nicht gezielt und effektiv der Landwirtschaft zugute kommt, wirkt sich unweigerlich zum Nachteil der Schutzbestrebungen aus.

Doch zurück nach Thusis und seiner Hauptgasse. Sie wurde nach dem Dorfbrande von 1845 in Abweichung von der vorherigen Ortsstruktur in erstaunlich grosszügiger Manier angelegt, ähnlich wie 16 Jahre später in Glarus. Die schmerzlichen Erfahrungen aus dem Brande mögen der Grund gewesen sein, dass die Häuser nicht mehr zusammengebaut, sondern einzeln erstellt wurden. Ebenso bemerkenswert ist die neuklassizistische Bauart, eine Stilrichtung die merkwürdigerweise erst in neuerer Zeit wieder Wertschätzung erlangt hat und andernorts, zumindest in Ensembles, wie ein solches in Thusis besteht, als denkmalschützwürdig erachtet wird.

Die Stallungen und Remisen wurden aus der Hauptgasse — wollte man sich städtisch geben? — völlig verbannt und etwas verschämt in den Hintergrund gestellt. Notwendig waren sie trotzdem noch, denn damals, mehr als ein halbes Jahrhundert vor Eröffnung der Albulabahn und vor der Ablösung der Postkutsche durch das Auto, wi-

Hohenrätien 78

ckelte sich der Verkehr immer noch per Pferdezug ab. Noch heute zeugen die Namen „Untere Stallstrasse" und „Obere Stallstrasse" davon. Vom früheren Aussehen Thusis' mag die Skizze von der „Unteren Gasse" einen Begriff geben.

Hohenrätien oder Hoch-Rialt

Einen natürlicheren Wacht- und Verteidigungsposten als Hohenrätien vermag man sich schwerlich vorzustellen. Wie hiefür prädestiniert, trug der steile, am Ausgang der Viamala stehende Felssporn von alters her eine ausgedehnte Wehranlage, und innerhalb ihrer Mauern die einstige Talkirche St. Johannes. Heute ist fast alles dem Zerfall nahe. Es berührt eigenartig, dass diesen historisch bedeutsamen Ruinen nicht schon längst mehr Sorge getragen würde. Wenn allerdings, wie dies jetzt offenbar beabsichtigt ist, die Kirche bis zur Gebrauchsfähigkeit wiederhergestellt werden sollte, ist ein Fragezeichen zu setzen. Das Fluidum einer mittelalterlichen Kirche ist mit Imitationen nicht erzielbar, und ohne die Komponente des Ursprünglichen wäre sie kaum ein Anziehungspunkt. Weit attraktiver und anschaulicher wäre eine wenigstens andeutungsweise Wiederherstellung oder Markierung des einstigen Berings.

Von Rothenbrunnen nach Fürstenau

Im Domleschg

Die östliche Talseite von Rothenbrunnen bis Sils gilt als das eigentliche Domleschg. Es ist ein klimatisch bevorzugter Landstrich, und dies hat denn auch die Entstehung vieler Siedlungen begünstigt. Der Eindruck ist vorherrschend, dass die Dörfer, ausgenommen vielleicht Scharans, nicht sonderlich auf den Verkehr, will heissen das Transportgewerbe, als vielmehr auf die Landwirtschaft ausgerichtet waren und es heute noch sind. Vollends seit der Verlagerung des Hauptverkehrs auf die linke Talseite ist es eher ruhig geblieben im Domleschg.

In den an Kultur und Geschichte interessierten Kreisen und weit darüber hinaus ist das Domleschg bekannt als „Burgenreich". Auf eine Darstellung dieser augenfälligsten Zeugen einer reichen kulturellen Vergangenheit kann ich deshalb füglich verzichten und mich dem eher Unbekannten zuwenden. Die einstige Herrschaftlichkeit kommt nicht nur in den Burgen und Schlössern zum Ausdruck, sondern auch in manchen stolzen und reichen Privathäusern. Dass etliche derselben sich in einem eher desolaten Zustand befinden und die Habschaft offenbar nicht mehr für den Unterhalt ausreicht, stimmt nachdenklich. Sie zeugen von einer langsamen Umschichtung vieler, nicht nur materieller, sondern auch sozialer, geistiger und kultureller Werte. Das heute weitverbreitete Wunschdenken vom „Chalet am Waldrand" ist nur eines der Symptome; mit ihm wird die unheilvolle Streubauweise gefördert, das alte Haus im Dorfkern aber nicht erhalten oder ersetzt.

Augenfällig im Domleschg ist auch das einstige, sukzessive

Eindringen des Walsertums in die romanischen Dörfer. Als Sprache gilt – wenigstens offiziell – bis heute das Romanische. Aber speziell in der Art der landwirtschaftlichen Bauweise hat der walserische Einfluss deutliche Spuren hinterlassen, was sich da und dort in eigenartigen Konfrontationen äussert.

Die Strasse durch das Domleschg beginnt in Rothenbrunnen, berührt die Orte Paspels, Rodels, Fürstenau, und führt dann bei Fürstenaubruck über die Albula nach Sils hinüber.

Rothenbrunnen

Die Skizze zeigt eine an sich schlichte Dorfpartie. Sie lässt kaum erkennen, dass darin auch das kulturhistorisch bedeutsame, aus dem 16. Jahrhundert stammende Haus Tschasnus mit seinen interessanten Fassadenmalereien auf der Eingangsseite enthalten ist.

Paspels

Weit ausserhalb Paspels, auf einsamer Höhe steht das Kirchlein Sogn Luregn (St. Lorenz). In seiner exponierten Lage ist es weitherum sichtbar, aber es wird kaum be-

Sogn Luregn Paspels

Rothenbrunnen 78

achtet, denn – sozusagen zu seinen Füssen – steht das viel attraktivere Schloss Ortenstein. Dabei ist St. Lorenz viel älter als Ortenstein. Die Historiker sagen, die Kirche sei aus einer Fluchtburg hervorgegangen und sie sei die erste Talkirche des Domleschgs gewesen. Die Wurzeln reichen also tief in geschichtliche Urgründe hinab, in eine Periode zwischen Heidentum und Christianisierung. Das fast fensterlose Kirchlein weist äusserlich weder Schmuck noch architektonische Eigenheiten auf. Dennoch lohnt es sich, den schönen, rasenweichen Weg hinauf zu gehen, denn die eigenartige Oertlichkeit vermittelt eine viel intensivere Ahnung von Geschichte, als es etwa des Gang durch einen musealen Rittersaal vermöchte. Die Sache mit der Fluchtburg wirkt jedenfalls glaubhaft, denn anders kann man sich deren Hinausstellen hart an den Abgrund kaum erklären. Und die Kirche? Die Wandmalereien im Innern? Deren Wirkung bei dem spärlichen Licht? Doch die Kirche ist geschlossen. Ein bedenkliches Zeichen unserer Zeit; Sicherung gegen Diebe und Vandalen, hier wie leider vielenorts notwendig. Das Bedauerliche daran ist, dass solche Stätten zu Museen werden, denn der Andacht und Betrachtung wegen werden sie kaum noch aufgesucht, ausser von einem kleinen Harst von kunstgeschichtlich Interessierten.

Rodels
Blicken wir zurück auf St. Lorenz und vergleichen wir mit der Skizze aus Rodels; welche Entwicklung, welch enorme geschichtliche Spanne liegt dazwischen! Dort quasi ein Zeichen des Beginns unserer Kultur, hier, in der Kirche ein Zeuge barocker Baukunst und im Hintergrund Teile des Schlosses Rietberg als Zeuge der Feudalzeit.
Die Komposition von Kirche und Schloss mag zufällig schei-

Rodels 78

Pratval 78

nen, aber sie kann als typisch angesehen werden, denn solche Verdichtungen von verschiedenartigen Eindrücken finden sich nicht selten im Domleschg.

Pratval
Der Betrachter wird sich vielleicht fragen: Eine Wegbiegung, zwei Häuser, und sonst nichts? Sonst nichts? Ich glaube, auch andere Augen müssten das Spannungsvolle im Zusammenspiel von Gebäuden und Strassenführung sehen.

Fürstenau
Wenn von Fürstenau geschrieben wird, fehlt selten der Hinweis, dass es "nur" noch Bauerndorf sei. Soweit damit gemeint ist, dass keine Schlossherrschaften mehr residieren, und sich der Ort, dem einst das Stadtrecht zuerkannt war, nicht weiterentwickelt hat, mag das "nur" zutreffen. Sonst aber in keiner Weise, denn das Fluidum eines kleinen Landstädtchens ist noch an allen Ecken und Enden spürbar. Zwar dominieren das Bischöfliche und das Schauenstein'sche Schloss eindeutig im kompakten Bild, doch sind sie auch eng verflochten mit der Ortsstruktur, den Häusern und Ställen der Bauern. So kann es denn sein, dass ein steinernes, vasenbekröntes Postament von einem herrschaftlichen Gartenportal in den etlichen mauerumfriedeten Bereichen unmittelbar neben einem Stalle steht. Ueberhaupt sind die vielen alten Mauern ein Charakteristikum des Ortes; ihnen ist aber nicht nur eine verschliessende Wirkung eigen, sondern sie vermögen, soweit sie Durch- und Ueberblicke zulassen, den umrandeten Gevierten durchaus auch Grösse zu verleihen.
Nebenbei mag noch ein freundliches Erlebnis erwähnt sein. Es betraf das kleine, schlichte Schulhaus, ein Bau aus dem letzten Jahrhundert, beileibe kein Kunstwerk, aber

Fürstenau JE 79

gut eingestimmt auf die Bausubstanz der Ortschaft. Und eben seiner Unscheinbarkeit wegen stand ihm die Abbruchdrohung deutlich ins Gesicht geschrieben. Bei einem späteren Besuch konnte ich dann feststellen: Das Schulhaus steht noch und wird renoviert! Die offenbar fehlenden Räume werden in einem diskreten Anbau beigefügt. Wer immer den Entscheid zur Erhaltung getroffen haben mag, hat hier einen feinen Sinn für den Wert auch unspektakulären Kulturgutes bewiesen.

Von Tomils nach Sils

Zu den höher oben am Hang gelegenen Dörfern Tomils, Almens und Scharans führen vom Tale aus nur Stichstrassen hinauf. Unter sich haben die Dörfer aber eine Verbindung, teils Weg, teils Strässchen, in der Hauptfunktion Güttersträsschen und Feldwege für die Bauern. Danebst sind es aber wunderschöne, aussichts- und abwechslungsreiche Wanderwege durch fruchtbares Land. Strichweise begleitet von Hecken und alten Mauern, bedeuten sie dem Wanderer, dass er sich hier in seit Urzeiten kultivierter Gegend befindet. In der heutigen, badefreudigen Zeit wird natürlich auch der reizvolle Canovasee mit besonderem Interesse wahrgenommen.

In Tomils wäre fraglos die Kirche darstellenswert. Ich bin den Weg vom Dorf hinauf zu ihr gewandert, ein echter Kirchweg, nicht ermüdend lang, und doch nicht so kurz, als dass er nicht ein Loslösen vom Dorf, vom Alltag, vom Profanen bewirken würde. Auch kein Weg für Autos... mit Parkplatz vor der Kirche, wie leider schon vielerorts. Nein, der letzte Aufstieg zum exponierten Kirchhügel führt über eine lange, mauerbesäumte Freitreppe, und durch ein Gittertor betritt man den kleinen, die Kirche umgebenden Friedhof. Und nun begänne die Kunstgeschichte mit dem riesengross an die Kirchenwand gemalten Christophorus...

Ja, diese Kirchen! Sie sind fast samt und sonders Kunstwerke, aber wenn ich ihnen allen mit einer bildlichen Darstellung gerecht werden wollte, ergäbe sich doch ein etwas zu einseitiger Eindruck vom kulturellen Bestand, dies selbst dort, wo sich die einstige kulturelle Potenz einer Dorfschaft ganz in ihrer Kirche zu konzentrieren und zu erschöpfen scheint.

Almens

Was sich im Bilde von Rodels als „Verdichtung der Eindrücke"
darstellte, wiederholt sich gewissermassen in Almens, wenn
auch mit anderen Elementen. Der fixe Standort für die
Skizze vermag zwar der Situation nicht ganz gerecht zu werden. Der Betrachter müsste die Gasse durchschreiten und
würde sehen, dass dem grossen Steinhaus romanischer Bauart zur Linken dichtauf ein echtes Walliserhaus von jener
schmalen und hohen Bauart folgt, wie wir sie vom Wallis
her kennen. Der Stall gegenüber ist hingegen wieder typische Bündner Bauart.
Die Barockfassade der Kirche – hier anders als in Tomils
mitten im Dorf stehend – ist mir Blickfang, nicht Reprä-
sentation. Wäre Letztere gewollt gewesen, hätte eben die
Gasse ausgeweitet werden müssen. ...

Scharans

Eine tiefe, geschichtliche Verwurzelung ist in Scharans besonders augenfällig. Sie kommt zum Ausdruck im Alter und in
den Formen markanter Bauten, von denen etliche ein un-
verkennbar herrschaftliches Gepräge zur Schau tragen.
Ein weiteres Mal hat mich hier der Gegensatz zwischen zwei
völlig verschiedenen Bauarten fasziniert. Genau betrachtet ist die Konfrontation denkbar schroff, und dennoch
löst der Gesamtaspekt ein vorbehaltloses Wohlgefallen aus.
Woran dies liegen mag? Ich meine, es sei die Ueberein-
stimmung im Mass, die Introvertiertheit im Wohnlichen
und nicht zuletzt im spürbar Handwerklichen sowohl
beim Stein- wie beim Holzbau.
Was wäre wohl heute das Resultat, wenn sich zwei Bau-
herren, unbelastet von einschränkenden Bauvorschriften
gegenüberstünden? Man wagt die Frage angesichts des heutigen schrankenlosen Individualismus kaum zu beantworten.

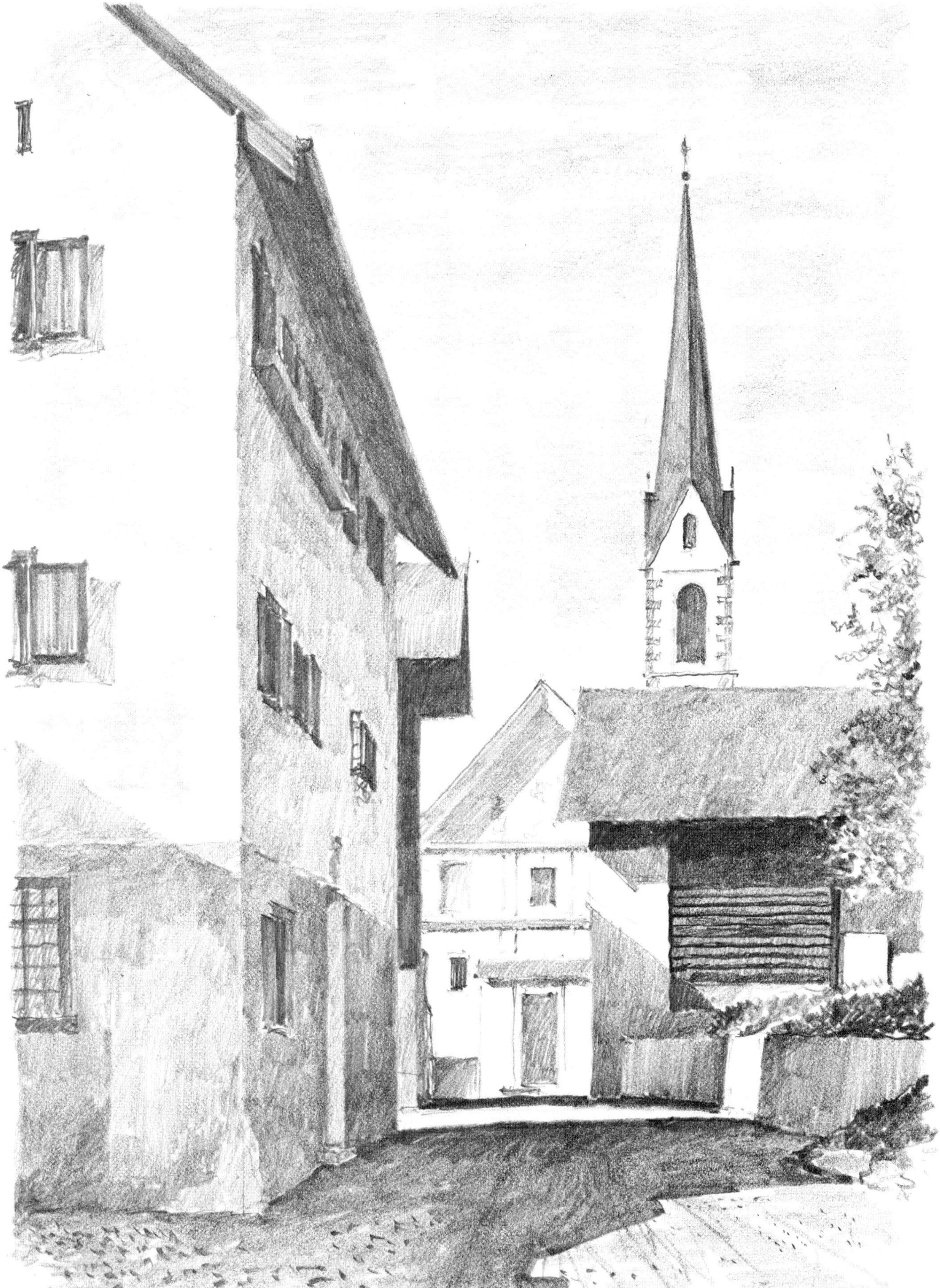
Almens 78

Scharans 78

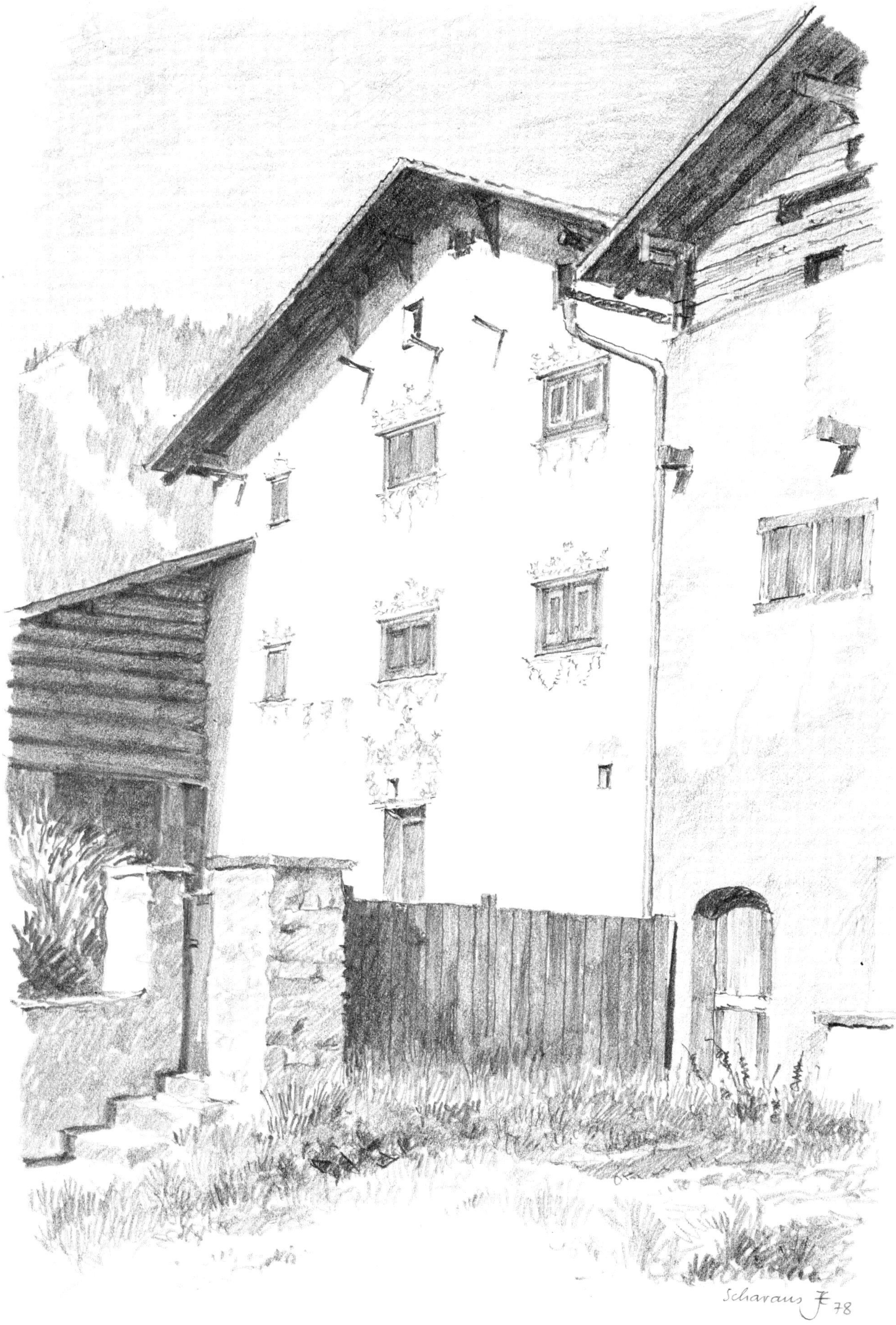
Scharans 78

Von Scharans absteigend erreicht man in Fürstenaubruck wieder die Domleschgerstrasse, die nach Ueberquerung des Albula nach Sils hinüberführt.

Sils

Entstehung und Bedeutung dieses, am Nordfuss eines steilen Berghanges klimatisch eher etwas benachteiligten Dorfes, sind nicht leicht erklärlich. Für die Ansiedlung muss die, vor dem Bau der Schinstrasse wichtige Verbindung von Thusis nach dem Domleschg ausschlaggebend gewesen sein.

Mit den Verkehrsströmen ist es ähnlich wie mit den Wasserläufen: Wo Hindernisse weggeräumt oder eingerissen sind, suchen sie sich neue Wege. Heute fliesst der weitaus grössere Verkehr durch den Schin. Die stark ansteigende S-Kurve im Dorf wird diesem Verkehr auf die Länge nicht gewachsen sein.

Die nahegelegene Burg Ehrenfels deutet unmissverständlich darauf hin, dass dem Platze Sils doch strategisches Gewicht zukam. Dass der Ort aber auch als Wohnsitz nicht verachtet war, muss aus der Existenz des sogenannten „Palazzo" und dem ebenfalls herrschaftlichen Haus Salis geschlossen werden. Der Palazzo mit dem Baujahr 1740 wird von den Kunsthistorikern zwar nicht als der älteste, wohl aber als der bedeutendste Herrschaftsbau im Domleschg bezeichnet. Die südseitige, von zwei Pavillons flankierte Abschlussmauer des dem Haus vorgelagerten, streng axialen Gartenvierecks stösst hart gegen den Dorfrand, was im Gegensatz zu bisher Beobachtetem eine gewisse Bellegenattitüde verrät.

Die Bausubstanz des Dorfes lässt ähnlich wie in Thusis die Auswirkungen des Brandes von 1887 erkennen. Verschont geblieben ist aber das älteste Baudenkmal von Sils, nämlich die weit ausserhalb des Dorfes auf einsamer Hügelkuppe stehende Kapelle S. Cassian.

Haus Salis, Sils i.D. 79

Von Thusis nach Tiefencastel

In alten Zeiten, genauer gesagt vor der Erbauung der ersten Schinstrasse, konnte von einem Verkehr durch die Schinschlucht wohl kaum die Rede sein. Diese wilde Schlucht muss ein unüberwindliches Hindernis für jede Kommunikation gewesen sein. Der Bau der ersten Strasse, heute abgelöst durch eine Autostrasse, war angesichts der schroffen Wände aus unsicherem Fels, der Runsen und Rüfen eine unerhörte Leistung, deren Kühnheit in der Solisbrücke gipfelte. Der atemraubende Tiefblick von dieser Brücke nötigt uns Heutigen, an grossartige Werke der Ingenieur-Baukunst gewohnten, immer noch ungeteilten Respekt ab.

Thusis selbst war wahrscheinlich am Verkehr nach Tiefencastel weniger interessiert als am Splügen und S. Bernardino. Hingegen scheint zumindest im Domleschg das Bedürfnis einer Verbindung mit den oberen Talschaften bestanden zu haben. Ihm wurde entsprochen mit der Erstellung eines Saumweges, heute „Alter Schin" genannt, der in Scharans beginnt. Ein erstaunlicher, bis heutigentags gut erhaltener Weg. Er führt zunächst durch freundliches, offenes Gelände, dann durch Wald und schliesslich, in immer steiler werdender Flanke, schroffen Felswänden entlang und quer über wilde Runsen und Rüfen. Ein „unwahrscheinliches Gelände"; dies ist der Eindruck beim Blick aus der Schlucht hinauf. Erst am Ende des Weges fällt mir ein, weder ein Bildstöckli noch ein Wegkreuz gesehen zu haben, wie solche sonst an gefährlichen Wegen üblich waren.

Kurz vor Muldain tritt man wieder in eine offene Landschaft hinaus und freut sich über die lieblichen Wiesenhänge, in welche die Dörfer Muldain, Zorten und Lain eingestreut sind. Der Weg ist jetzt offen, entweder zur Lenzerheide hinauf, oder hinunter nach Tiefencastel.

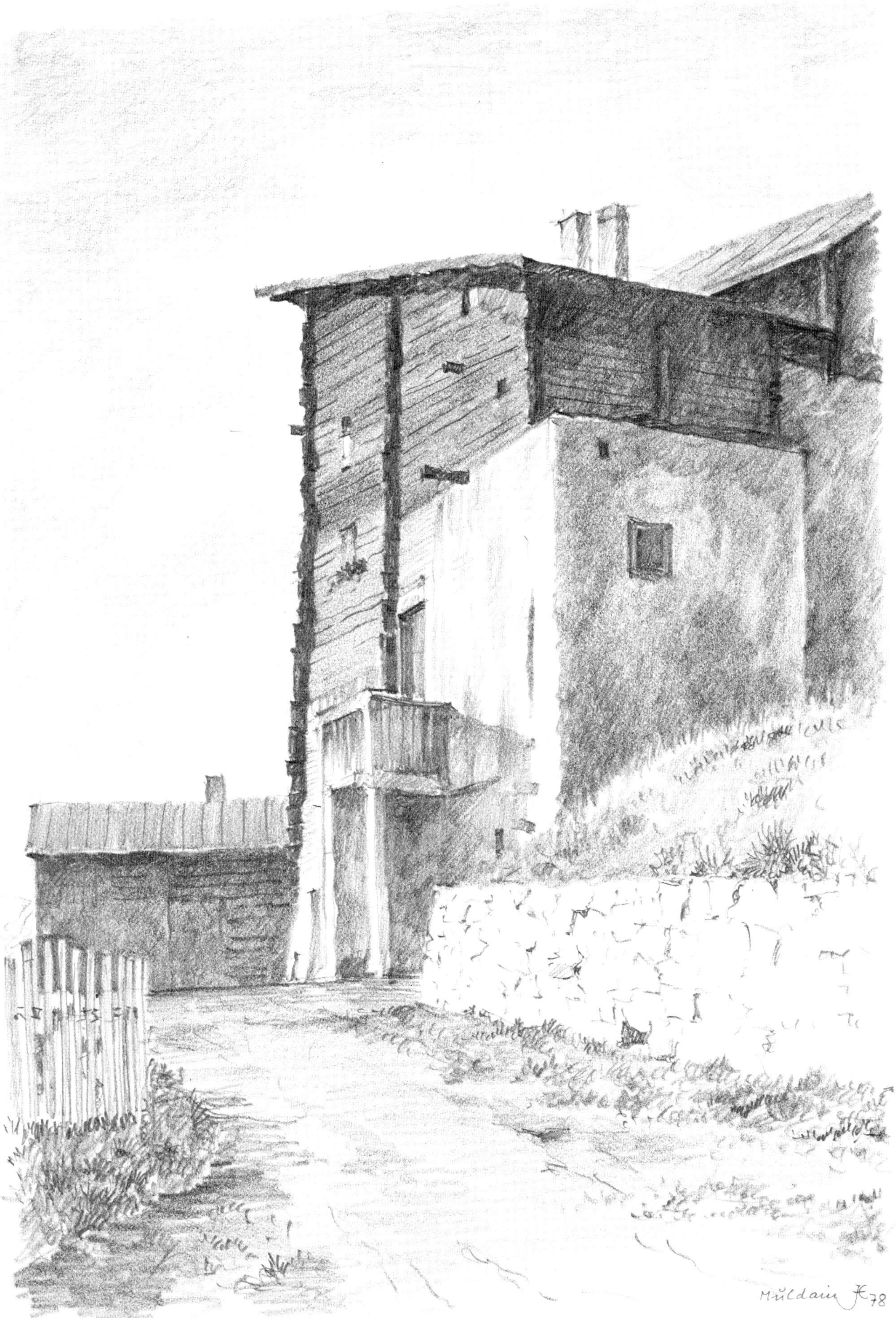
Mùldain

Mulldain

Dass die genannten Dörfer von einer charakteristischen Bauart wären, kann wahrhaftig nicht gesagt werden. Weit stärker noch als im Domleschg hat hier eine Vermengung von walserischer und romanischer Baukultur stattgefunden. Das Typische muss wohl gerade in diesem Nebeneinander gesehen werden, obwohl es an aussagekräftigen Vertretern der beiden Arten nicht fehlt. Mit der Heterogenität mögen sich Kunsthistoriker und Volkskundler auseinandersetzen; dem für das Malerische offenen Auge bieten sich so oder so manche reizvolle Motive.

Ich wähle meinen Weiterweg gegen Tiefencastel hinunter in der – zwar rein spekulativen – Annahme, dass diese Route einst von grösserer Bedeutung war als jene nach der Lenzerheide. Einem Transitverkehr Thusis – Lenzerheide vermag ich wirklich keinen Sinn abzugewinnen.

Alvaschein

Trotz seiner Lage auf einer offenen Geländeterrasse oberhalb der Schinschlucht erweckt das Dorf den Eindruck einer freundlichen Geborgenheit. Im Gegensatz zu den oberen Dörfern ist in Alvaschein der vorwiegend romanische Charakter erhalten geblieben, auch wenn sich dieser nicht ausgesprochen repräsentativ äussert.

Alvaschein 79

Mistail

Noch vor Tiefencastel gilt ein Abstecher der Kirche St. Peter zu Mistail, dem wohl ältesten und ergreifendsten Baudenkmal nicht nur der Gegend, sondern weitherum im Lande. Es wäre müßig, hier auf die kunstgeschichtliche Bedeutung dieser, einst zu einem Kloster gehörenden Kirche einzugehen. Auch erwartet uns eigentlich außer den drei Apsiden, die unmittelbar an das karolingische St. Johann in Müstair erinnern, keine architektonische Reichhaltigkeit, und selbst die Fresken sind nicht unübertroffen. Aber? Könnte man das Fluidum uralten Mauer- und Holzwerkes, den fast physisch spürbaren Odem eines tausendjährigen Werkes in Worte fassen? Niemand kann das. Auch den Zeichenstift muß ich, jedenfalls im Innenraum, weglegen. Mir bleibt nur, mit leiser Ergriffenheit und Ehrfurcht die Größe des Geistes und die schlichte Gläubigkeit der einstigen Erbauer auf mich wirken zu lassen. Der Ort hier in seiner Abgeschiedenheit, wie sie schon zur Gründungszeit gewesen sein wird, ist besonders dazu angetan.

St. Peter zu Mistail F 78

Tiefencastel

Sowohl der Lage wie der baulichen Eigenart wegen ist Tiefencastel bemerkenswert. Am Zusammenfluss der Julia und Albula, und im Kreuzungspunkt wichtiger Strassen muss es schon früh grosse verkehrspolitische Bedeutung gehabt haben. Sie geht sogar auf prähistorische Zeiten zurück, wie aus Funden auf dem nahen „Plattas" geschlossen werden kann.

Mit dem ringsum stark coupierten Gelände war Tiefencastel kein günstiger Ort für Landwirtschaft, ein sehr günstiger hingegen für den Saum- und Fuhrverkehr. Da die Topographie einer baulichen Expansion enge Grenzen setzte, war eine gedrängte Siedlung, überwiegend aus Stallungen und Herbergen entstanden. Aus dieser, vermutlich meist aus Holz erstellten Gruppe profaner Bauten muss sich die barocke Kirche St. Stefan auf ihrer exponierten Kuppe besonders stolz herausgehoben haben.

Nach dem Dorfbrand von 1890 ändert sich das Siedlungsbild, indem ähnlich wie in Thusis ausschliesslich Einzelhäuser in Stein erstellt wurden. Diese hellen Würfel, eingebettet in das dunkle Grün der umgebenden Wälder und Wiesen ergeben das heutige, einprägsame Bild Tiefencastels.

Wer hätte an solchen topographischen Schlüsselstellen nicht schon den Wunsch empfunden, das ganze Geschehen vom Auftauchen des ersten Menschen an bis in die Neuzeit im Zeitraffertempo miterleben zu können!

Tiefencastel
77

CHUR – LENZERHEIDE – TIEFENCASTEL

Der Uebergang über die Lenzerheide nach Süden ist von der Topographie her kaum je problematisch gewesen, obwohl die Strasse in das Rabiusatal hinein auf kurze Distanz eine beträchtliche Höhendifferenz überwindet, und bei Malix bereits die Tausendmetermarke erreicht. Die Strasse nimmt denn auch in Chur die Steigung sofort nach Uberquerung der Plessur direkt und resolut in Angriff.

Obwohl die Talschaft vor der Reformation eines der Hinterlande des fürstbischöflichen Sitzes in Chur war, hat das kirchliche Regime wenig sichtbare Spuren hinterlassen. Auch die Zeugen ehemaliger bürgerlicher oder feudalistischer Präsenz sind nicht zahlreich. Die Bewohner waren ausschliesslich auf die karge Berg-Landwirtschaft, ein Teil von ihnen vermutlich auch auf das Transportgewerbe ausgerichtet.

Malix

Die Begegnung mit diesem, nach dem Verlassen Churs ersten Dorf an unserer Route, reizt unwillkürlich zu Vergleichen mit dem rheinaufwärts ebenfalls ersten Dorf. Dort in Felsberg der ganz und gar romanische, von einem dorischen Wohlstand geprägte Charakter, hier das schlichte Bergdorf, in seiner Erscheinung ein Gemisch aus Romanen- und Walsertum wie etwa dem Berg im Domleschg. Die Vielfalt des kulturellen Gefüges ist also nur schon auf solch relativ kleine Distanzen recht beachtlich. Die mancherlei malerischen Aspekte lassen sich in den von keinem Durchgangsverkehr bedrängten Gässchen vergnüglich erwandern, wie auch das ausserhalb des Dorfes stehende, weit ins Tal ausschauende Kirchlein.

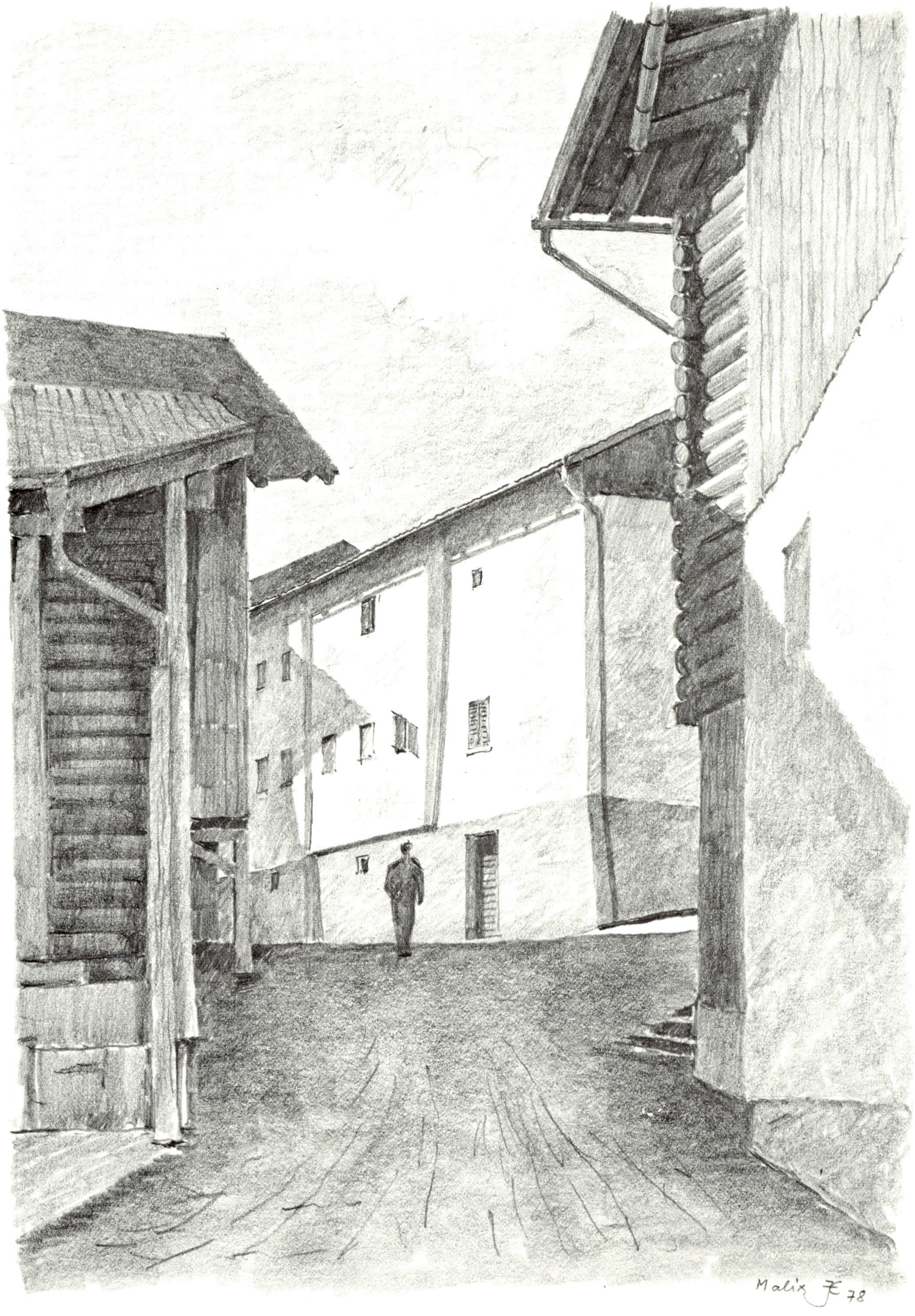
Malix
78

Churwalden

Unausweichlich, fast wehrhaft-trutzig steht die grosse, ehemalige Klosterkirche am Eingang des Dorfes, und kurz danach, ebenso augenfällig, das ehemalige Abthaus. Ich kam hier in einen gelinden Zwiespalt bei der Erwägung, ob dieses stattliche, leider stark vernachlässigte Abtgebäude, oder aber das nahegelegene, aus dem Mittelalter stammende, täbschastige „Fünerstüs" des Darstellens eher wert wäre. Das Fünerstüs als die typische Hausform des Tales oder wenigstens des Dorfes vorstellen zu dürfen, wäre schön gewesen. Aber das Typische, um als solches verstanden zu werden, bedarf immer einer gewissen quantitativen Bestätigung in der Mehrzahl, die leider in dem heterogenen, weil gestreuten Dorf ohne spürbare ortsbauliche Schwerpunkte nicht vorhanden ist.

Churwalden 78

Churwalden JC 78

Parpan F. 78

Parpan

Das „Schlössli" ist eines der wenigen, ehemals herrschaftlichen Privatsitze in der Talschaft. Das Schmuckwerk an diesem Bau darf allerdings nicht darüber hinwegtäuschen, dass es eine singuläre Erscheinung ist in einem Dorfe, welches nicht mehr viel von seiner ursprünglichen Substanz und Struktur bewahrt hat.

Valbella - Lenzerheide

Es gibt beides nicht mehr, weder ein „bella" noch eine Heide, zu sehr ist die ganze Landschaft gezeichnet durch eine masslose Streubauweise in völliger Willkür und schrankenlosem Individualismus. Dazwischen breiten sich Brachland und ungepflegte Restparzellen aus. Und geisterhaft, weil zum grössten Teil des Jahres unbewohnt, sind neuerdings enorme Kulissen von Neubauten vor und in die Landschaft gestellt. Fluchtburgen für Menschen? Oder für Kapital?

geradezu rührend ist es, wenn Kalender- und Prospekt-Photographen immer noch versuchen, in dieser Region ein Stück Landschaft – wenn möglich mit See – zu erhaschen ohne unerwünschte Bauten oder technische Einrichtungen. Weniger rührend als vielmehr erschreckend ist es, wenn der spekulative Landverschleiss noch heute mit dem Argument der „Hilfe an die Bergbevölkerung" zu bemänteln versucht wird. Der Glaube an die Notwendigkeit solcher „Hilfe" könnte auch anderswo ins Wanken geraten, wenn ähnliche Resultate wie in der Lenzerheide befürchtet werden müssen.

Son Cassian

Weit ausserhalb von Lai, dort wo die Strasse endgültig gegen das Albulatal abzufallen beginnt, steht die Kapelle Son Cassian hart an der Strasse, und ihr gegenüber ein Wegerhaus. Sie symbolisieren zusammen so etwas wie ein Tor zu einer schöneren Welt – schöner jedenfalls als die gerade vorhin erlebte.

Das „Tor" wird achtlos durchfahren, – man ist ja endlich wieder ausserorts – niemand hält mehr an, besucht die Kapelle. Deren Türe ist verstaubt; eine schöne gotische Türe mit gekreuzten Stäben im Spitzbogen. Die Kapelle steht wohl kaum zufällig an der Stelle wo die grösste Steigung von Tiefencastel her überwunden ist. Auch wenn den einstigen Fuhrleuten keine besondere Frömmigkeit eigen gewesen sein mag; ein Zeichen zur Besinnlichkeit stand jedenfalls da.

Und die Wegkapellen unserer Zeit? Es sind die Auto-Servicestationen, und deren Benzin-Tanksäulen ersetzen die einstigen Bildstöckli.

Son Cassian bei Laubril

Lantsch

Der Ort bewirkt bei jedem Passieren immer wieder ein freudiges Aufmerken. Woran es liegt? Zum einen mag es das intensive Licht sein, das in die nach Süden abfallende Hauptgasse einströmt. Zum andern vor allem liegt die Ueberraschung darin, dass hier seit dem Verlassen Churs erstmals wieder eine geschlossene, ortsbaulich eindeutig definierte Siedlung, und dazu noch mit südlichem Einschlag, anzutreffen ist. Eine Wohltat nach der Lenzerheide, einzig getrübt durch die Kalamität des Durchgangsverkehrs. Dafür entschädigt ausserhalb des Dorfes der mauerumringte, stille Bezirk der Baselgia Viglia mit seinem Friedhof voller schmiedeiserner Grabkreuze.

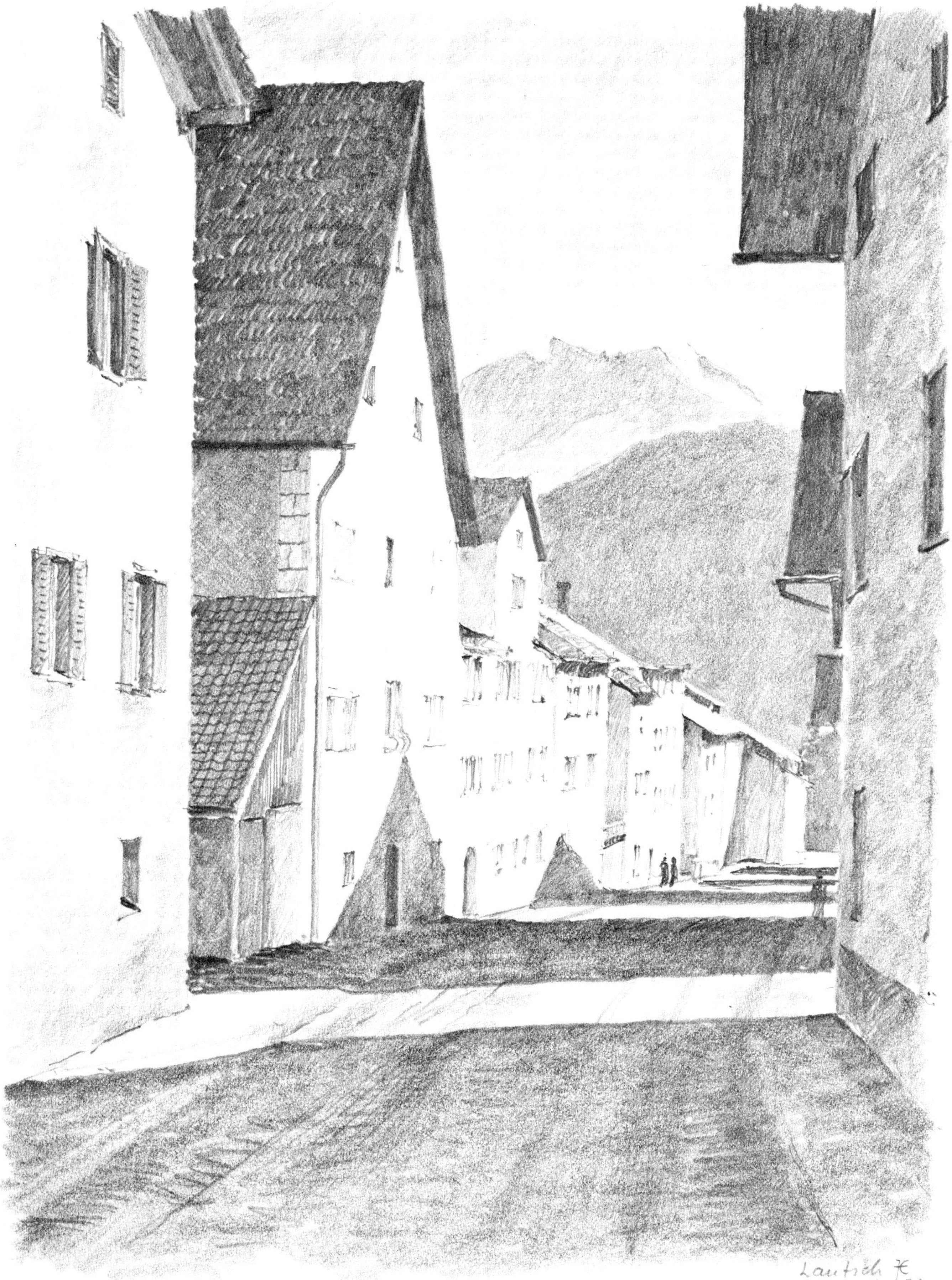
Lautsch JE
78

TIEFENCASTEL - OBERHALBSTEIN - SEPTIMER / JULIER

Von Tiefencastel über Mon nach Riom

Wie einst die Schinschlucht für die Beziehung zwischen Thusis und Tiefencastel ein Hindernis bedeutete, so war dies die Juliaschlucht für die Verbindung zwischen Tiefencastel und dem Oberhalbstein.
Im Gegensatz zum Schin, der schliesslich fast gewaltsam erschlossen werden musste, und abgesehen vom fast ebenso gewaltsamen Alten Schinweg, bot sich für das Oberhalbstein eine Umgehung über Mon und Salouf an. Die Steilstrecke zwischen Tiefencastel und Mon konnte höchstens lästig-mühsam, aber nicht hinderlich gewesen sein. Ebes erstaunlich ist, dass auch der Uebergang über die Wildbäche Albula und Julia in Tiefencastel trotz der schluchtartigen Situation kein ernsthaftes Problem darstellte.

Mon.
Wer in Tiefencastel statt der Fahrstrasse den alten Fussweg einschlägt, gelangt etwas unterhalb von Mon zu der auf einem Geländesporn stehenden ehemaligen Pfarrkirche San Cosmas e Damian. Sie ist eng umrundet durch eine Mauer, und man tritt durch einen steinernen Torbogen in den kleinen Bezirk ein. Obwohl die Anlage kleiner und vielleicht um wenige Jahrhunderte jünger ist als Mistail, vermag sie mit ihrem Alter, der ergreifenden Schlichtheit und der Abgeschiedenheit die nämlichen Eindrücke zu vermitteln wie die berühmtere Schwesterkirche.
Mit einer ganz anderen, grossen Geste wird der Besucher im Dorf oben durch die heutige Pfarrkirche und das hochgieblige Pfarrhaus empfangen. Hier in Mon, wenn nicht schon in Tiefencastel, beginnt denn auch ein durch das ganze Oberhalbstein anhaltendes Verwundern über die Zahl und Grösse der Kirchen und den künstlerischen Reich-

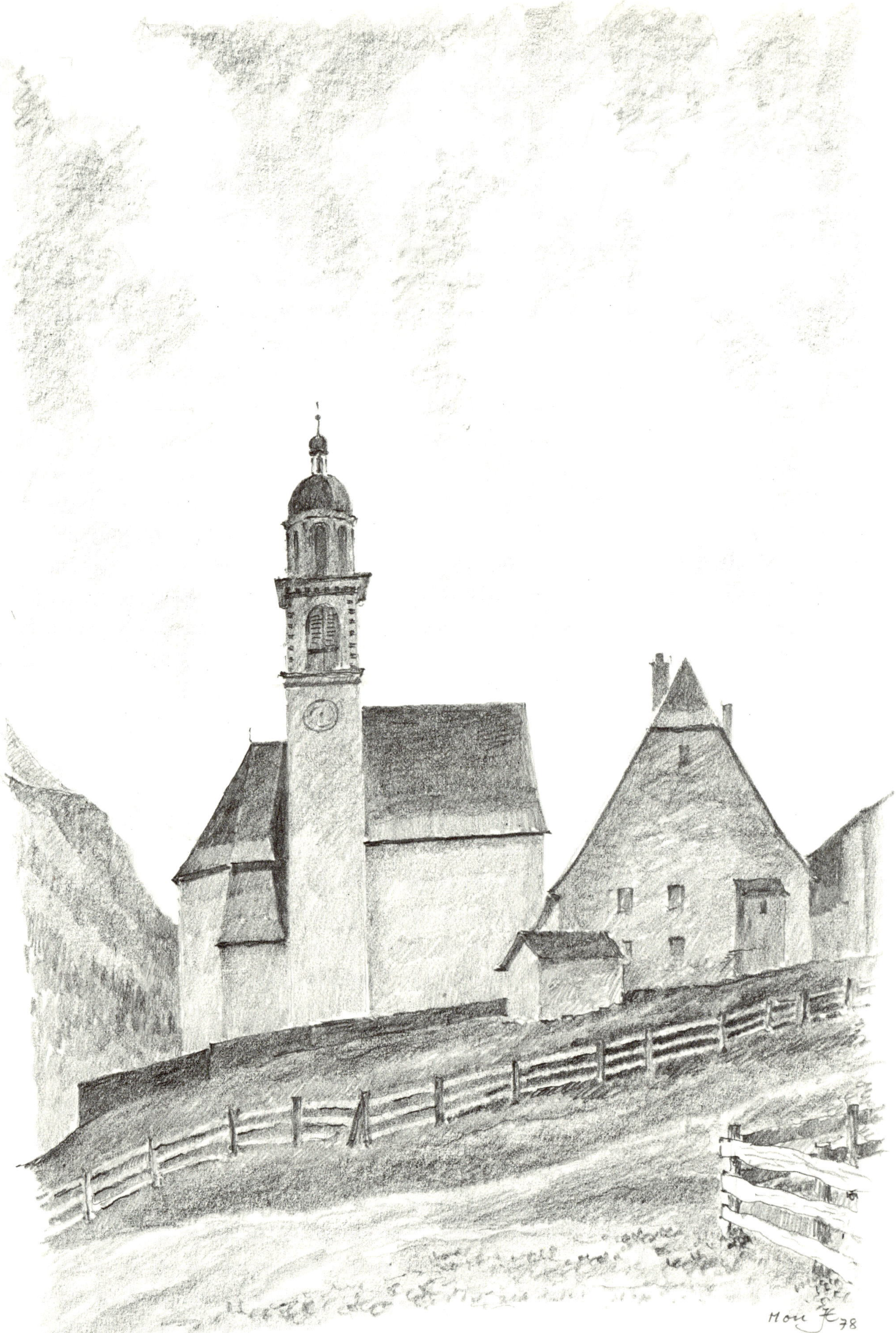

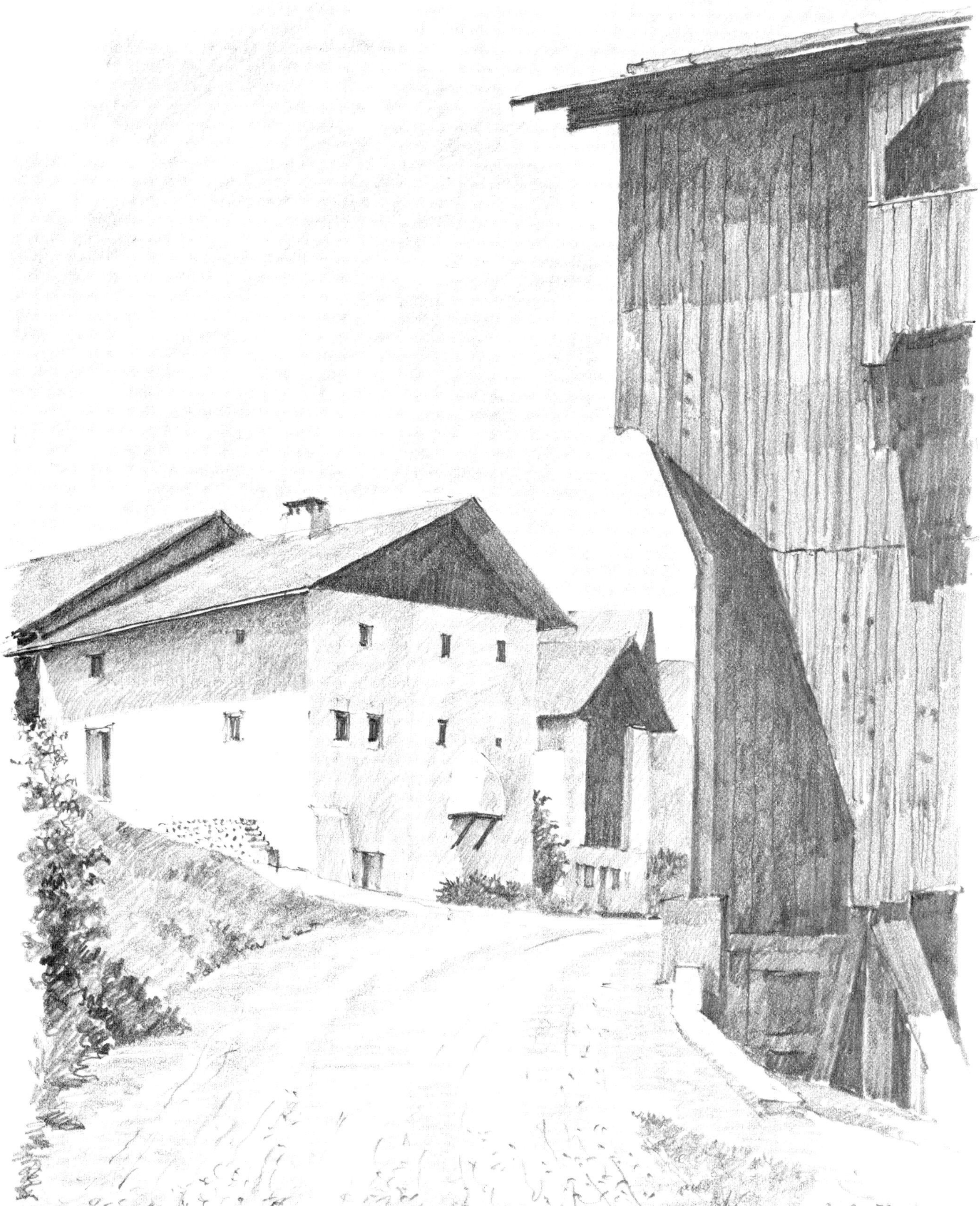

tum ihrer Ausstattungen, wie eben auch die überraschenden und eindrücklichen Wandmalereien in Mon.

Del

Ein kleiner Weiler und eine grosse Kapelle mit Ursprung im Mittelalter, und ebenfalls wieder mit sehr beachtlichen Malereien. Aber was heisst hier schon Mittelalter! Ich schaue hinüber zum nahen Motta Vallac und erinnere mich, dass die Archäologen von dortigen prähistorischen Funden berichtet haben. Welch geschichtsträchtiges Land! Und was bedeutet demgegenüber mein heutiges, flüchtiges Tun: Versuch, ein plötzlich vor Augen getretenes Kontrastbild Holz/Stein mit dem Zeichenstift zu erfassen. Aber wenn schon: Vor X-tausend Jahren mag dort drüben am Vallac ein Urmensch gesessen und sich tagelang mit dem Schärfen eines Steinbeils abgemüht haben.

Salouf

Von Del herkommend mündet das Strässchen kurz vor Salouf in die weite, lichtdurchflutete Talmulde des eigentlichen Oberhalbsteins aus. Der Blick umfasst fünf grosse, relativ nahe beieinander liegende Dörfer. Wir haben uraltes Kulturland vor uns, und eigentlich ist nicht verwunderlich, dass in ihm, wie zum Beispiel auf Rudnal und Padnal bei Savognin, prähistorische Besiedlung nachgewiesen werden konnte. Die Vorkommen von kupferhaltigen Erzen und vor allem Eisenerzen mögen mit ein Grund gewesen sein für die frühen Ansiedlungen im Tal. Übrigens scheint die Fundgrube „Oberhalbstein" von den Archäologen noch längst nicht ausgeschöpft zu sein.

Riom

Auch Riom ist eines der grossen Dörfer, die, wie übrigens auch Mon, gekennzeichnet sind durch mehrheitlich grosse steinerne Häuser romanischen Charakters. Im Gegensatz etwa zum Domleschg mag hier im Oberhalbstein als merkwürdig erscheinen, dass die Walser vom Hinterrhein und Avers her nicht stärkeren Einfluss erlangt hatten. Wahrscheinlich blieb ihnen nur die Nutzung der oberen Alpen, soweit sie diese mit dem Vieh über die Berge hinweg erreichen konnten.

In der Skizze habe ich versucht, die auffallende, künstliche Terrassierung des Geländes festzuhalten. Der Anblick – in natura – stimmt nachdenklich. Die Terrassierung diente nicht der Graswirtschaft wie heute, sondern dem Getreideanbau, und ihre Herrichtung bedeutete harte, beharrliche Arbeit über Jahrhunderte hin. Heute wird ähnliches Kulturland, vielleicht nicht gerade hier in Riom, aber anderswo leichthin für Bauzwecke hingegeben, und geht damit als Ernährungsbasis unwiederbringlich verloren.

Von Cunter nach Sur

Cunter
Das Dorf ist erst nach dem – äusserst schwierigen – Bau der Strasse entlang der Juliaschlucht an die Durchgangsstrasse zu liegen gekommen. Die Struktur hat sich in deren Gefolge zwangsläufig geändert. Heute steht Cunter im Banne des benachbarten Savognin und wird sich bald entscheiden müssen, ob es den dortigen Boom mitmachen oder weiterhin als ruhender Pol seinen eigenen Charakter be-

halten will. Schon ist es soweit, dass Savognin, das seine ursprüngliche Eigenheit aufgegeben hat, Spaziergänge in die benachbarten Dörfer anpreist.

Savognin

Wie würde sich wohl Segantini mit dem heutigen Savognin auseinandersetzen? Dass er damit irgendwie fertig würde ist kaum zu bezweifeln, denn er hat das Transponieren und Komponieren beherrscht. Das Savognin seiner Zeit hat er zum Beispiel nie – ausser in kleinen Partien und im spitzen Kirchturm – konkret, sondern nur beiläufig und in einer erweiterten Landschaft dargestellt. Segantini, der Liebhaber grossräumiger, freier Landschaften und der Idylle des schlichten Landlebens würde seinen Schaffensort kaum mehr hier wählen.

Ein in wenigen Jahren forciertes Hochspielen zum Wintersportplatz und die dadurch verursachte, weil gestreute und ungezügelte Bauerei hat den Ort völlig verändert. Er etikettiert sich heute mit „Ski total" – man kann dies auf Plakaten lesen. Totale Unterordnung unter den Sport? Die Seele des Dorfes, seine Kultur und Landschaft? Es beginnt im Dorfkern. Man reisst ab, was dem zunehmenden Verkehr im Wege steht, setzt Betonmauern, Trottoirs und baut halbstädtisch. Ställe und Remisen verschwinden; die Landwirtschaft spielt keine Rolle mehr. Savognin rühmt sich auch eines versteckten Paradieses und meint damit das Val Nandrò. Für die einstigen Touren-Skifahrer die das Tal kannten, ist es eher ein verlorenes Paradies. Mit Wehmut denken sie zurück an die herrliche Stille und Unberührtheit, die vielen Touren, die leuchtenden Erinnerungen an den Avers Weissberg, den Piz Cagniel, an Mürter, den Piz Alv, an Sürcrünas, den Piz Martegnas.... ja, den Piz Martegnas.

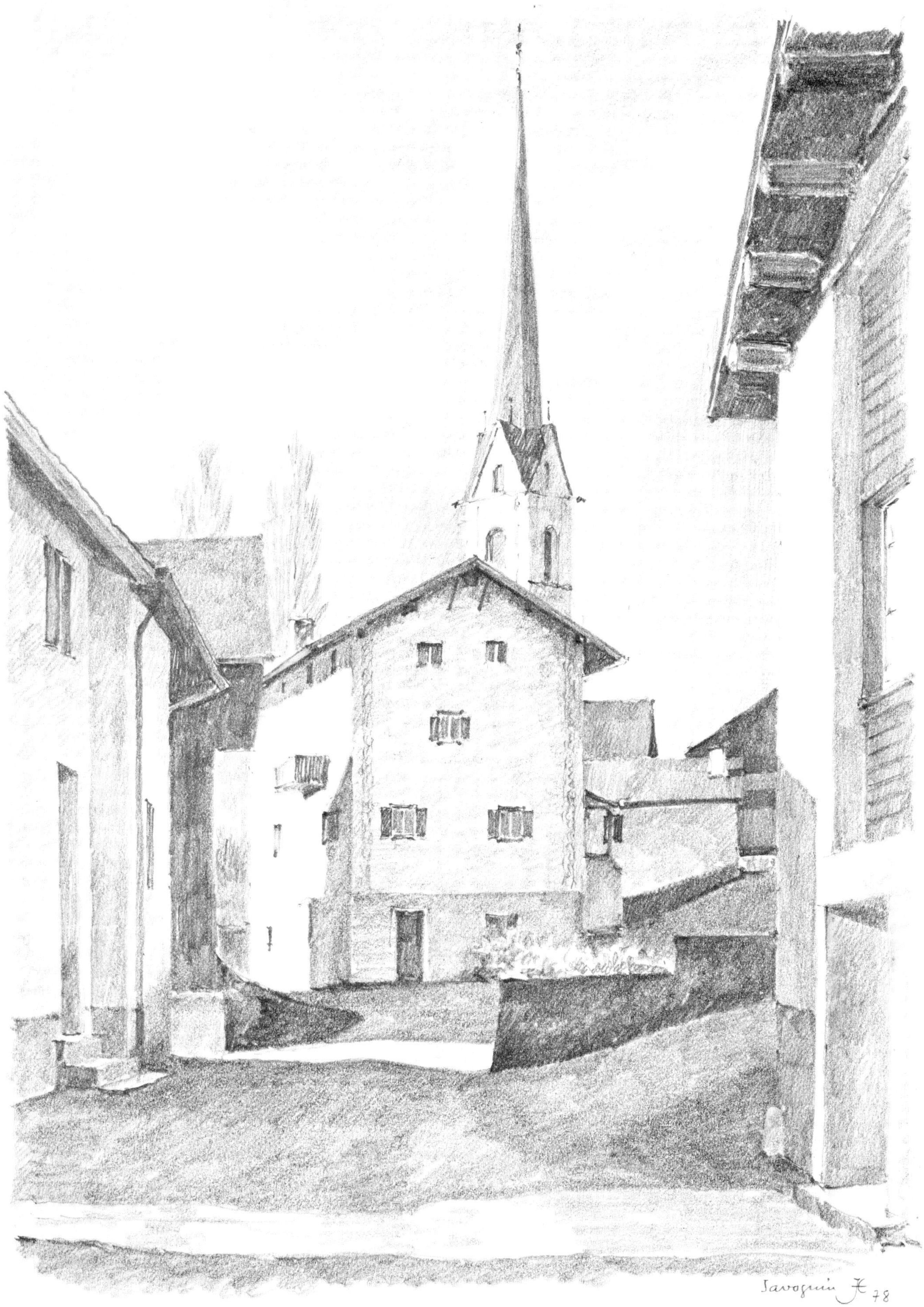
Savognin 78

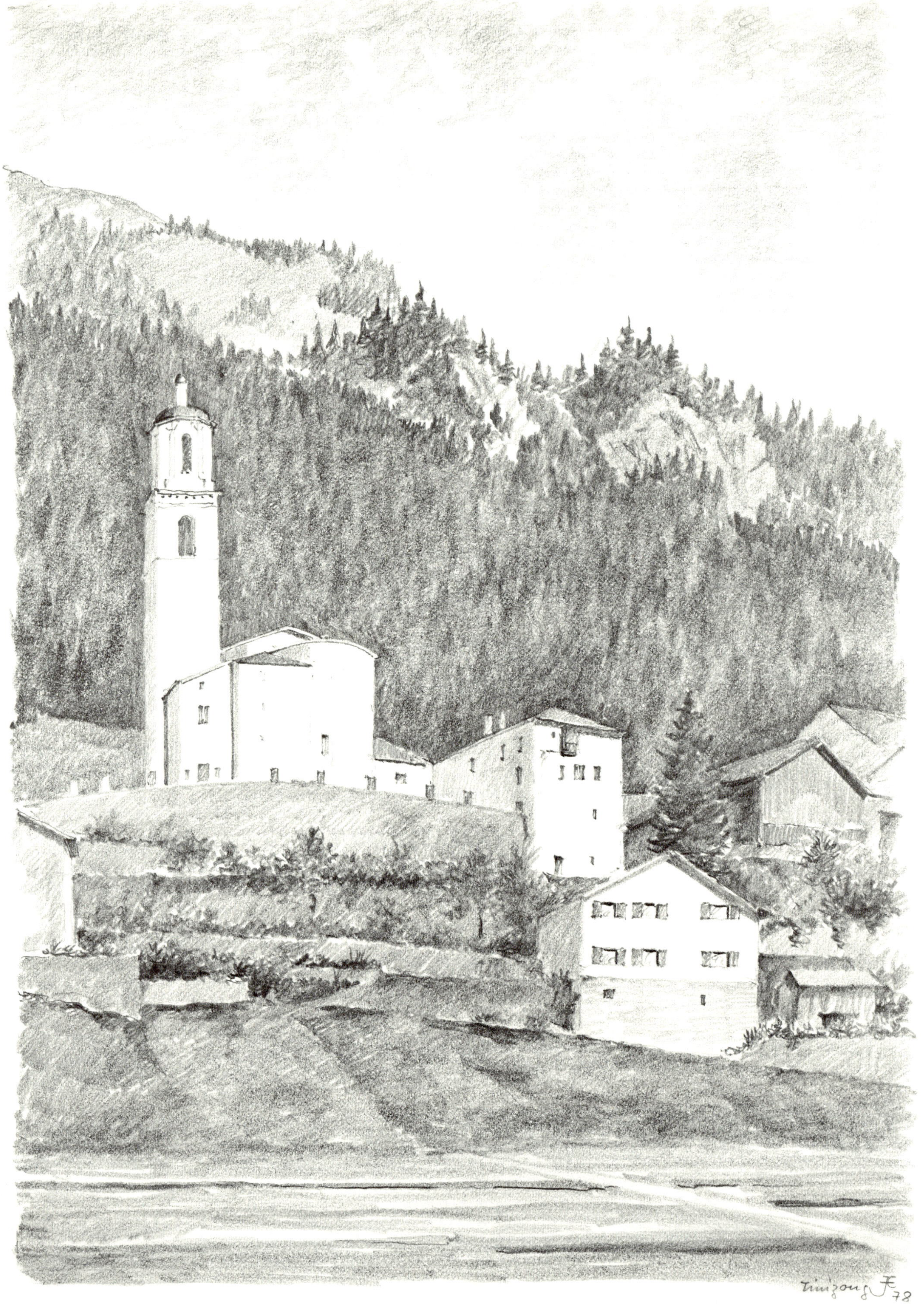
Tinizong JE 78

Ich erlebte vor wenigen Jahren einmal, daß in Tiefencastel ein junger Skifahrer in die Bahn zustieg, dort einen Bekannten traf und von diesem gefragt wurde:

„Wo bist du gewesen?"

„In Savognin."

„Ja, aber auf welchem Berg?"

„Ach, das weiß ich nicht; auf irgend so einem Hogel."

Ich wußte, daß es nur der Piz Martegnas gewesen sein konnte und mußte denken: So wenig wert sind also unsere Berge für diese Art von Skifahrern. Ihnen genügt eine geneigte, möglichst glatt gewalzte Schneefläche. Dagegen wäre nichts einzuwenden, wenn diesem Sport nicht auch die Landschaft und die Gipfel geopfert würden für Seilbahnen, Masten, Bergstationen, Schneisen und anderes mehr. Es ist eine deformierte, verfremdete Art des Skilaufs, welcher auch die Perversion des künstlichen Schnees zuzurechnen ist. Ski total!

Tinizong

Auch dieses Dorf blickt heute wie Cunter – und hoffentlich ohne Neid – hinüber nach Savognin. Man möchte wünschen, daß es in seiner Eigenart erhalten bleibe, einer Eigenart die auf der Anlehnung und Staffelung an einem steilen Hang beruht, und nur mit Hilfe umfangreicher Stützmauern entstehen konnte. Semiramisgärten? Wenn nur das Klima ein wenig günstiger wäre!

Mulegns

Mulegns Okt 77

Mülegns

Jedem Automobilisten der den Julier befährt, wird Mühlen schon deshalb in Erinnerung bleiben, weil die Strasse steil und fast in rechten Winkeln durch das enge, kleine Dorf führt. Höchst unübersichtlich und, je nach Temperament, ärgerlich oder interessant. Aber auch der Fussgänger fühlt sich bedrängt, und es bedauert, die mancherlei hübschen Aspekte, das reizvolle Kirchlein etwa, nicht ungestört betrachten zu können.

Sur

Wenig oberhalb Mühlens und etwas abseits der Hauptstrasse liegt an sonniger Halde das Dorf Sur. Bei dieser am Panverkehr kaum beteiligten Abseitigkeit erscheint das Dorf recht gross. Vielleicht ist es willkürlich, sich gerade hier über die Grösse eines Dorfes Gedanken zu machen, Gedanken die an vielen anderen Orten ebenso angebracht wären. Sur verfügt zwar über sehr ausgedehnte Alpweiden, aber dennoch ist es nicht mehr ausgefüllt und getragen von der Landwirtschaft. Darum geschieht das, was wir oft hören und erfahren: Die Bevölkerung wandert ab, und wir sind Zeugen einer merkwürdigen, schleichenden Art von Völkerwanderung, merkwürdig deshalb, weil der Abwanderung eine brandungsartige Rückflut in Form von Ferien-Tourismus entgegenschlägt. Doch diese Brandungswellen sind trügerisch; sie bringen scheinbar etwas zurück, aber sie halten sich nicht an die angestammten festen Uferlinien, sondern suchen eigene Wege, reissen ein, statt dass sie stabilisieren. Im Klartext: Es werden nicht etwa die alten Häuser instandgestellt, sondern es werden nebenan Chalets gebaut, und dabei franst das alte, vertraute Siedlungsbild an.

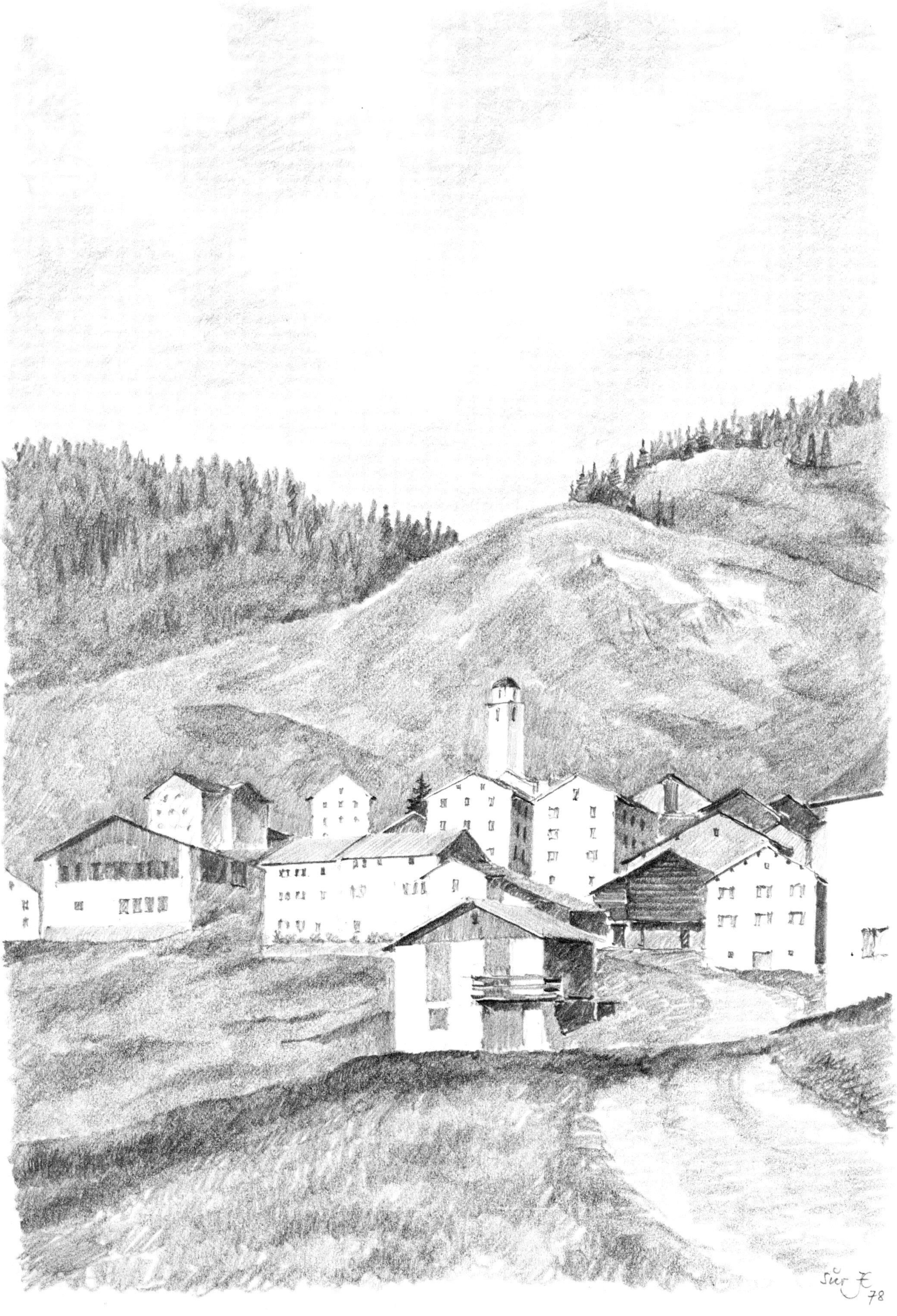

Bivio – Septimer / Julier

Bivio ist der romanische Name und bedeutet „zwei Wege", den Septimer und den Julier. Die Benennung deutet wohl auch darauf hin, dass die beiden Pässe eine Zeitlang wahlweise nebeneinander benützt wurden. Die Frage, ob und wie lange dies der Fall gewesen ist, möchte ich den Geschichtsforschern überlassen. Der Julier hat die Rolle des Passverkehrs schon längst allein übernommen. Aber von den ehemaligen Säumer-Passwegen, die nicht später durch Strassen ersetzt wurden, ist kaum ein anderer so stark im geschichtlichen Bewusstsein haften geblieben wie der Septimer. Eine Parallele findet sich am ehesten noch im Walliser Albrun-Pass, der das Binntal mit dem italienischen Val Antigorio verbindet.

Septimer
Von Bivio führt der Weg gemächlich in die Val Tgavretga hinein und über ausgedehnte Alpweiden aufwärts. Es ist karges Land, und karg sind auch die Alpgebäude. Steinhäuser, da weit und breit kein Holz mehr wächst. Die Gemächlichkeit des gut unterhaltenen Weges – eigentlich Strässchens – hält bis obenaus an. Die Passhöhe selbst gibt sich völlig undramatisch. Kein Hospiz, keine Wegkapelle, ja nicht einmal ein Marchstein. Wie stand es denn mit der Bedeutung dieses Saumweges? Oder hat die Zeit alle sichtbaren Zeichen ausgewischt? Jedenfalls aber steht man mit eigenartigem Gefühl auf dieser Höhe, auf der Wasserscheide Europas, auf der Grenzlinie verschiedener Kulturen. Das kleine Seelein auf dem Scheitelpunkt, umgeben von Geröll und spärlichem Rasen, lässt nicht erkennen ob der Überlauf sich nach Norden oder Süden wendet.

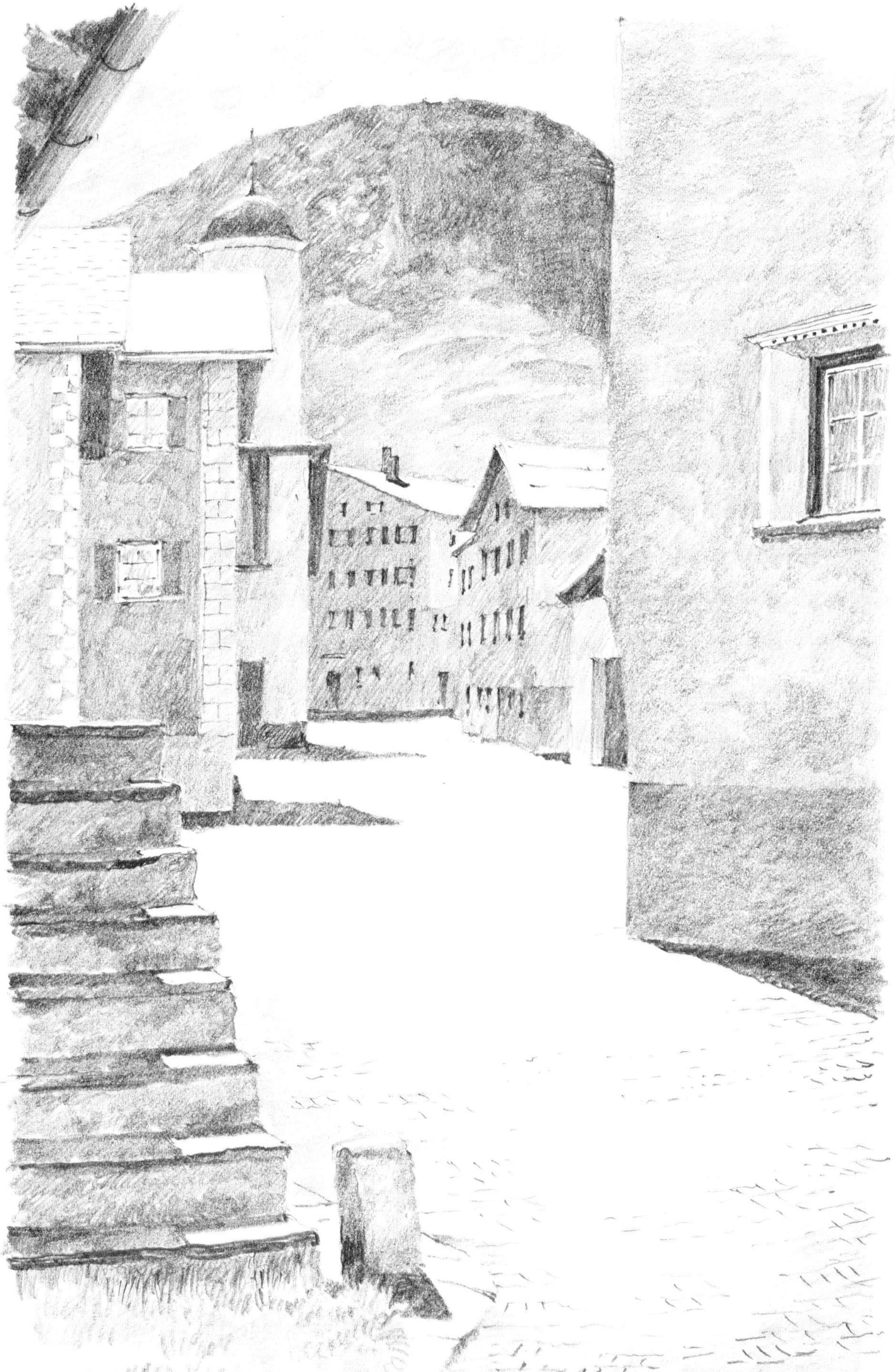
Bivia
78

Alp Fümia am Septimer

Auf dem Septimerpass

Eine Erinnerung an jene Tage schiebt sich ein. Auf diesem Pass bin ich schon früher gestanden. Aber damals stieg ich aus dem Avers über die Forcellina hier herunter, und jenseits gleich wieder hinauf zum Lunghin. Der damalige Tiefpunkt ist heute mein Höhepunkt. Redimensionierung. Es ist gut, wenn man dieses Unabänderliche mit dem Älterwerden gelassen hinnehmen kann.

Jenseits führt der Weg nun wirklich hinunter, südwärts. Noch sind die Horizonte auch dort nur Gipfel aus Eis und Fels, weil schärfer noch als selbst auf der Nordseite, und kein Blick tut sich auf in das Tal. Doch die Tiefe lässt sich eratmen. Sie eröffnet sich dann wenig später nach Verlassen der Passhöhe, indem der nun schmälere Weg unvermittelt steil abfällt, sich durch enge Mulden und Schluchten windet, und schliesslich übergeht in unzählige kleine Kehren an offenem Hang. Hier ist streckenweise noch der einstige Plattenbelag vorhanden, und dessen Anblick und Erspüren beim Schreiten bringt wieder ins Bewusstsein zurück, was beim bequemen Aufstieg auf der Nordseite fast vergessen würde: Die unsägliche Mühsal, die mit solchen Passwegen verbunden war, aber, aus unserer Rückschau, auch das Romantische, das ihnen eigen gewesen sein musste.

Ja, und da bemerke ich, dass neben dem historischen Weg die Zeugen unserer Zeit stehen: Mächtige Gittermasten der Uebertragungsleitung aus den Bergeller Kraftwerken nach Zürich.

Im Val Maroz findet dann auch unser Septimerweg einen geruhsamen, erwartungsfrohen Ausgang nach Casaccia hinunter.

Julier

Ganz anderer Art als der Septimer ist der Julier. Zwar lassen sich die beiden Wege insofern nicht vergleichen, als die heutigen, vielen Strassenkehren auf der Julier-Nordseite ganz auf die Bedürfnisse des Fahrverkehrs, und nicht auf die einstigen bescheidenen Anforderungen der Säumerei ausgerichtet sind.

Ausser den zwei vielzitierten „römischen Säulen" finden sich auch auf der Julier-Passhöhe keine baulichen

Zeugen aus der Frühzeit.

Im Gegensatz zum Septimer setzt die Strasse gemächlich zum Abstieg ins Engadin an. Die letzte Steilstufe wird in nur zwei Kehren überwunden. Und noch etwas ist anders: Noch vor Erreichen des Tales erhascht das Auge einen Blick links hinaus in Richtung St. Moritz, und einen solchen geradeaus Richtung Surlej.... und schon ist die Erwartungsfreude erheblich gedämpfter als jene beim Abstieg ins Bergell. Der freundliche Hinweis des Postauto-Chauffeurs, dass man nun drüben an der Bernina den Biancograt sehe, vermag mir für einen kurzen Moment aufzuhellen.

Auf dem Juliuspass JF 78

TIEFENCASTEL – FILISUR – ALBULA

Von Tiefencastel nach Filisur

Wie schon in der Einleitung erwähnt, bedeutet die Albularoute eine beträchtliche Abweichung vom direkten Wege nach Süden. Dass ein Autofahrer diese Route wählt, ist eher Ausnahme und Liebhaberei. Für den Bahnreisenden hingegen zählt die Abweichung überhaupt nicht, und zudem entschädigt sie ihn reichlich mit der Fahrt über die unstreitig interessanteste Bahnstrecke des Landes. Mit dieser Einstufung ist weder dem Gotthard noch dem Lötschberg Abbruch getan. Doch ihnen gegenüber fügt sich die Rhätische Schmalspurbahn viel subtiler in die Landschaft ein, und lässt die Bahnreise intensiver erleben. An Kühnheit und Eleganz kann sich beispielsweise der Landwasser-Viadukt bei Filisur – übrigens die wohl meistphotographierte Bahnbrücke der Schweiz – noch heute messen mit den Ingenieurwerken unserer Zeit.

Surava

Bei der Durchreise versäumte ich nie, einen Blick zu tun auf den nahen Kalkofen, der mir immer als Zeuge einer frühen Industrie erschienen war. So oft ich aber auch auf das Dorf hinunterblickte, konnte ich dort nie etwas sonderlich Lockendes entdecken. So bilden sich bei mir flüchtigem Hinsehen Vor-Urteile.

Ein wenig Ueberwindung braucht es schon, einmal auf den gewohnten Schnellzug zu verzichten und an einer kleinen Station auszusteigen, um auf Erkundung auszugehen. Das Risiko dabei ist, dass sich eine Erwartung in nichts auflöst, zur Enttäuschung, oder im Gegenteil zur Ueberraschung wird. Der Kalkofen jedenfalls war mir sicher. Aber das Dorf? Ich war angenehm überrascht und musste mein voreiliges Urteil alsbald revidieren. Dass ich dann trotz sonstigen reiz-

Kalkofen in Surava

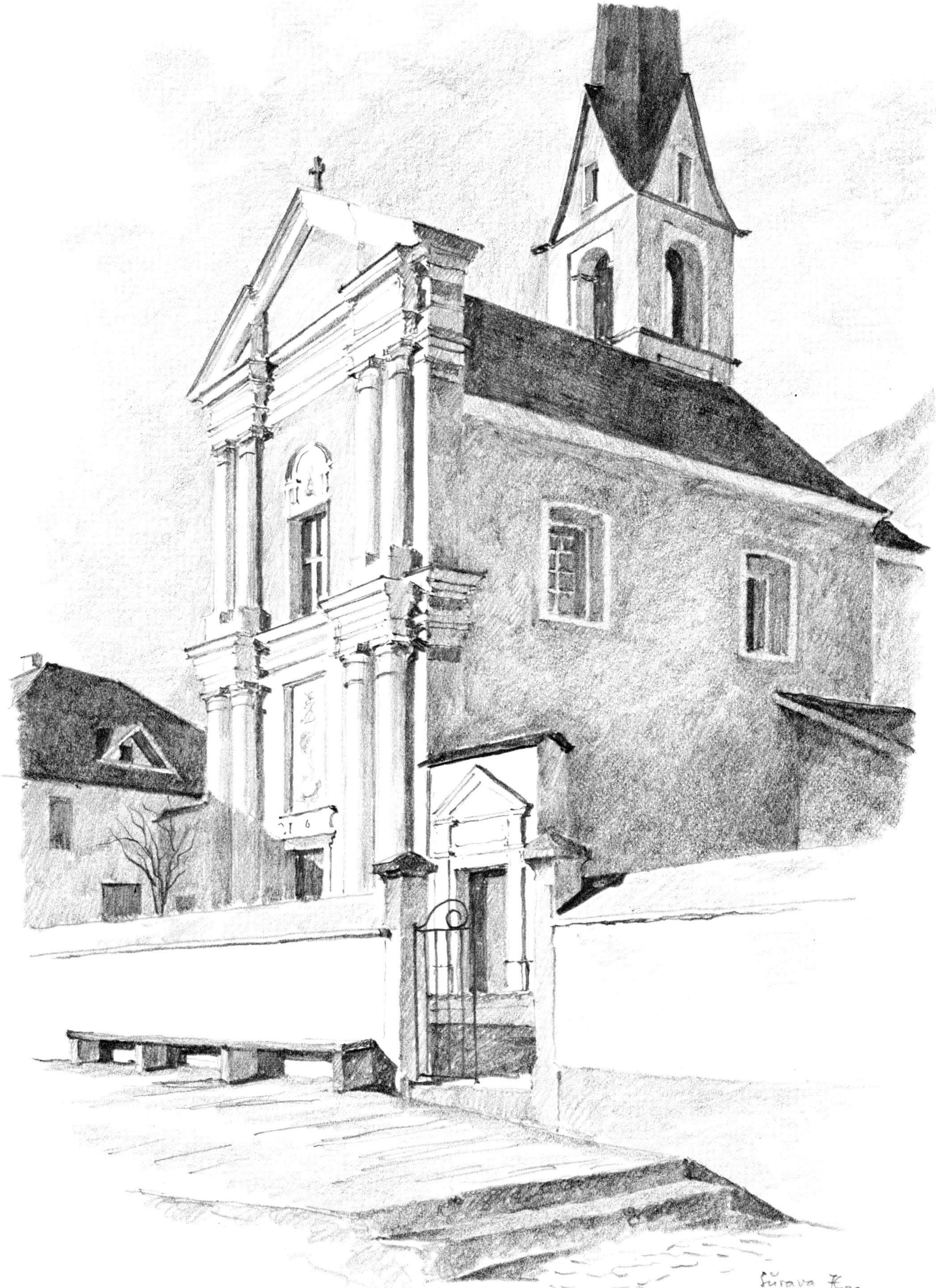
Šurava
78

vollen Aspekten gerade vor der Kirche stehen blieb, mag daran gelegen haben, dass sie sich im denkbar schönsten Lichte präsentierte.

Alvaneu-Bad

Eine Art Industrie, nämlich „Fremden-Industrie" (das unschöne Wort ist ebenso gebräuchlich wie widersinnig) kann auch in den zahlreichen Thermal- und Heilbädern gesehen werden. Alvaneu-Bad ist ein Beispiel für solche Etablissements, die ihre Blütezeit im ausgehenden 19. Jahrhundert hatten. Auch Alvaneu hat seine guten Tage erlebt, wie dies aus der herrschaftlichen Allüre seiner Bauten, der alten Baumallee, den Gartenpavillons und dem respektablen Oekonomieteil herausgelesen werden kann.
Heute ist das Bad geschlossen; man kann sich schwerlich vorstellen, dass es wieder zu einem Leben im Stil vergangener Zeiten zurückfinden könnte. Sein Schicksal ist ungewiss, und inzwischen greift die Verwahrlosung um sich.

Alvaneu-Bad

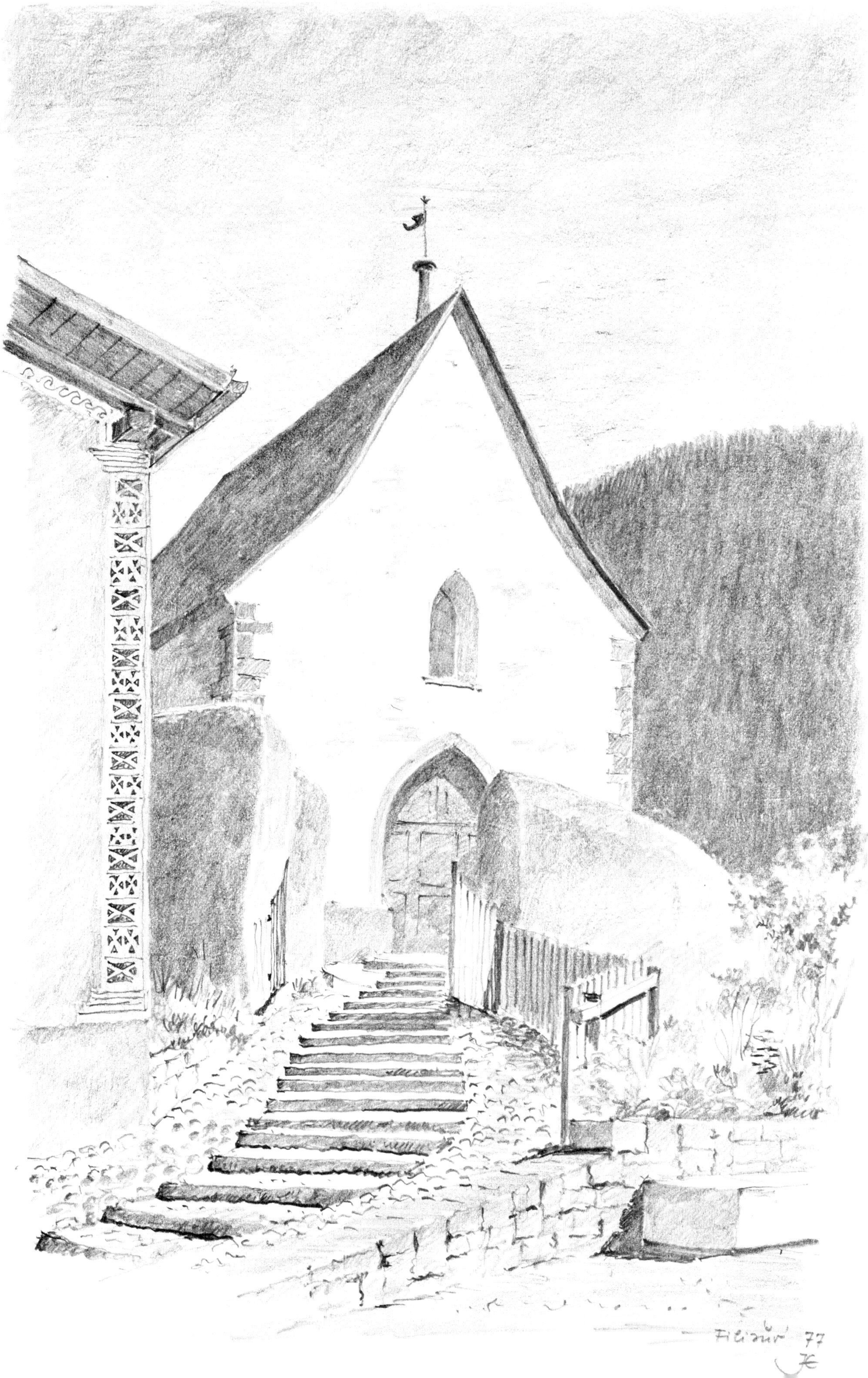
Filisur 77

Filisur

Ueber einen Kilometer lang ist dieses ausgeprägte Strassendorf, dessen Häuser dicht gedrängt an der einzigen, eben der Haupt- und Durchgangsstrasse aufgereiht stehen. Selbst die Kirche hält sich nicht weit neben dieser Reihung, wie wenn sie in ihrer engen Ummauerung das Zusammenrücken und das Haushalten mit dem Boden betonen müsste. Entlang der Strasse finden wir eine Kette von baulichen Köstlichkeiten, die in nicht wenigen Fällen Denkmalwert haben. Die Bauart kündigt den Einfluss des Engadins an, der sich unter anderem in reichlichem Fassadenschmuck ausdrückt.

Als eines der seltenen guten Beispiele ist in Filisur auch der Neubau des Gemeindehauses bemerkenswert, bei welchem eine ansprechende Synthese gefunden wurde zwischen traditionellen und neuen Formen und Materialien.

So ist es denn ein anregendes und beglückendes Flanieren durch das schöne Dorf — wenn nur der Verkehr nicht wäre. Die Kalamität um dieses Phänomen wurde schon in Domat Ems und Lantsch anvisiert; hier in Filisur ist sie noch weit augenfälliger. Zwar lässt sich das Verkehrsvolumen hier nicht mit jenem am Julier vergleichen, doch ist es saisonweise sehr beträchtlich. Die Dorfstrasse bildet andererseits auf ihrer ganzen Länge einen Engpass. Die Beeinträchtigung der Wohnlichkeit ist offenkundig und umso bedauerlicher, als damit auch die Erhaltung einer aussergewöhnlich wertvollen Bausubstanz auf die Dauer in Frage gestellt ist.

Filisur wird, wie viele andere Dörfer, wohl noch lange auf eine Umfahrung warten müssen. Nach den Beobachtungen in Domat Ems könnte man ohnehin an deren Wirksamkeit zu zweifeln beginnen. Vernünftig wäre, den Gefahren wenigstens die Spitze zu brechen mit Tempobeschränkung und Einbahnphasen.

Filisur 77

Von Filisur zum Albulapass

Die enge waldige Schlucht zwischen Filisur und Bergün war nicht geeignet für Ansiedelungen. Lediglich in Bellaluna hat sich ein kleiner Weiler gebildet. Während die Bahn sich hoch oben an steilem Hang und durch viele Tunnels Bergün zuwendet, verläuft die Strasse zunächst im Talboden. Beide stossen dann aber an den Bergüner-Stein, eine gewaltige Felsbarriere im Tal. Die Bahn durchbricht sie in einem Tunnel, für die Strasse jedoch musste gewaltsam eine Passage geschaffen werden. Die Situation erinnert an das Urnerloch im Urserental. Angesichts des Bergüner Steins frägt man sich unwillkürlich, wie denn die Vorfahren mit solchen Hindernissen vor dem Bau der heutigen Strasse fertig geworden seien. Es hat einen eigenen Reiz, ohne in Geschichtsbüchern nachzublättern, eine Antwort zu finden nur im Blick auf Karte und Gelände. Im Falle Bergün würde ich mich im Walde von Urmena auf die Suche begeben.

Ein kleines Erlebnis noch im Rückblick auf die urweltlich wilde Szenerie an der Strasse inmitten der schroffen Felswände des Bergüner Steins. An der die Strasse hart flankierenden Felsmauer fand sich ein kleiner Spalt, aus welchem ein dünner Faden kristallklaren Wassers floss. Nichts Ungewöhnliches also. Und doch! Eine liebevolle Hand hatte da in Brusthöhe, und kaum tellergross eine Schale geformt, um das köstliche Nass trinkbar zu sammeln. Ich war seltsam berührt ob dieser schlichten und doch so liebenswürdigen Geste eines Unbekannten dem unbekannten Wanderer gegenüber, oder auch nur ob der Wertschätzung eines kleinen, klaren Wässerchens.

Bergün
Bald nach Ueberwindung des Bergüner Steins öffnet sich das Tal zu einer weiten Mulde. In seltener Geschlossenheit liegt Ber-

Albulastrasse 77
am Bergünerstein

Bergün 77

Bergün 1977

grün darin eingebettet. Einst soll es ein wichtiges Bergbauzentrum gewesen sein. Davon und etwa von Narben in der Landschaft ist heute nichts mehr zu sehen. Der Ort und der Kranz stolzer Berge ringsum wecken vielmehr Ferienstimmung. Der Schwerpunkt meiner eigenen Erinnerungen liegt freilich mehr bei vielen langen Märschen ins Val Tuors hinein und hinauf zur Baustelle Kesch-Hütte. Die Mühen sind längst vergessen, sind überlagert von bleibenden Eindrücken der Tätigkeit dort oben im Reich glänzender Firne und stiller Einöden, dann aber auch des Durchwanderns der freundlichen Weiler Chants und Tuors Davants. Oft blieb dann nicht mehr viel Zeit bis zum Antritt der Heimreise, aber was tat's? Es lockte zu späteren Besuchen Bergüns, und sie waren jedesmal lohnend.

Preda
Noch vor Erreichen Preda's wird jeder Reisende das hübsche Alpdörfchen Nax am Ausgange der Val Mulix bemerken. Auf den ersten Blick könnte er an eine einheitlich konzipierte Siedlung erinnert sein, aber die scheinbare Gleichförmigkeit täuscht. Bei genauerem Hinsehen wird er feststellen, dass nicht ein einziges Haus gleich ist wie das andere. Das Ganze ist eine "Vielfalt in der Einheit" und ergibt, weit entfernt von Uniformität, einen harmonischen Wohlklang. Die Gabe zu solcher Variationsfähigkeit wäre jedem Planer neuer Siedlungen in guter Dosis zu wünschen.

Nas bei Preda
78

Am See von Palpuogna

Auf dem Albulapass JC 97

Albula

Der kleine Umweg über den Pass (statt dem Bahntunnel) vermittelt landschaftliche Eindrücke die von unverwechselbarer Eigenart sind.

Wenig oberhalb Predas liegt der Palpuogna-See, in dessen klarem Wasser sich Lärchen, Tannen und schroffe Berggestalten spiegeln. Ein Kleinod? Ja, wenn die nahe Strasse nicht so viele Besucher heranbrächte! Für diese Scharen würde zu Recht alles ein wenig organisiert mit Feuerstellen, Abfallbehältern undsoweiter. Aber mit solchen Attributen der Zivilisation wird eine Landschaft bald einmal zu einer Anlage, und an ihr lassen sich die Grenzen der Belastbarkeit eines Erholungsgebietes deutlich erkennen.

Schliesslich dann die Passhöhe. Eine Einöde aus Stein, Geröll und spärlicher Vegetation, auffallend viel rauher als Septimer und Julier trotz gleicher Höhe. Eine heroische Landschaft von seltsamer Grösse und verborgener Schönheit. Sind denn Geröllhänge so hässlich, wie viele Menschen sie empfinden? Ich meine nein, denn sie sind Teil einer unverfälschten Natur, deren stete Veränderung wir sozusagen im Zeitlupentempo miterleben. So betrachtet wird auch eine Oedlandschaft zum eindrücklichen Erlebnis, vertieft noch durch Stille und Einsamkeit, denn solche Gefilde locken nie viel Volk an.

Kurz vor Erreichen des Tales durchqueren wir den lichten Lärchenwald oberhalb La Punt; um wieviel grüner und lebendiger erscheint er uns nach der Kargheit der Passhöhe.

LA PUNT - MALOJA

Von La Punt nach St. Moritz
In La Punt - Chamues-ch erreicht die Albula-Passstrasse die Engadiner Talstrasse, und damit hat die Abweichung vom direkten Wege nach Süden ein Ende. Es ist deshalb kein Zufall, dass mich hier gerade die an sich durchaus nicht aussergewöhnliche, aber im Gegenlicht kontrastreich spielende, und dem Ziel entgegenführende Strasse besonders anspricht. Die baulich-kulturellen Schwerpunkte lägen zwar eher bei der Casa Mereda und der eigenartigen, malerischen Barockkirche. Sie mögen für

La Punt, Aug. 77

diesmal zurückstehen hinter der Darstellung der ortsbaulich spannungsvollen Situation bei der Einmündung der Parsstrasse in die Talstrasse. Dieses sozusagen rechtwinklige, und dazu noch durch Häuser eng flankierte Zusammenschiessen an einem verkehrsgeographisch bedeutenden Punkt ist nach heutigen Begriffen alles andere als verkehrsgerecht. Sollte hier eines Tages die wertvolle bauliche Substanz dem Verkehr weichen müssen? Es ist zu hoffen, dass dies nie geschehe.

La Punt
77

Bever

Es gibt in der Schweiz vier Tunnelausgänge, bei denen sich wie nirgends sonst die Köpfe der Reisenden recken und die Waggonfenster so rasch heruntergerissen werden. Eines von ihnen liegt bei Bever. Der Grund es gilt weniger der markanten Kirche mit ihrem auffallend reichen Turm, als vielmehr dem Himmel und Wetter. Dem Engadiner Licht! Gewiss liegt etwas an diesem vielgerühmten Licht, das nach dem Passieren des langen Tunnels an sich schon als besonders hell empfunden wird. Genau bedacht begegnen wir in ihm dem Phänomen der grossen Höhen, das jedem Bergsteiger bekannt ist. Die Weite des Tales, der Umstand, dass die umliegenden Berge nicht nochmals himmelhoch ragen, und deshalb deren Firne und Gletscher aus der Nähe hereinleuchten, trägt zusätzlich zum Eindruck einer besonderen Fülle und Klarheit des Lichtes bei.

Samedan

Wer die Erwartung von Echtem und Typischem im Dorfganzen nicht allzu hoch schraubt, wird sich wenigstens freuen können am stattlichen Planta-Haus, an einem eleganten, ausserordentlich hohen Campanile, und am engadinischen Gepräge einiger Partien im Dorfkern. Dass im übrigen Dorf nicht immer verständnisvolle Bauleute gewirkt haben, ist eher der unbekümmerten Mentalität früherer Generationen zuzuschreiben. Auch das heutige bauliche Geschehen löst nicht eitel Freude aus, und mit Besorgnis verfolgt man das Hinaufklettern der Bebauung an den terrassierten Wiesenhängen, die gegenüber dem heterogenen Dorfbild bisher einen überaus wohltuenden Hintergrund gebildet hatten.
Eine kulturell grosse Tat der Gemeinde Samedan, die zwar

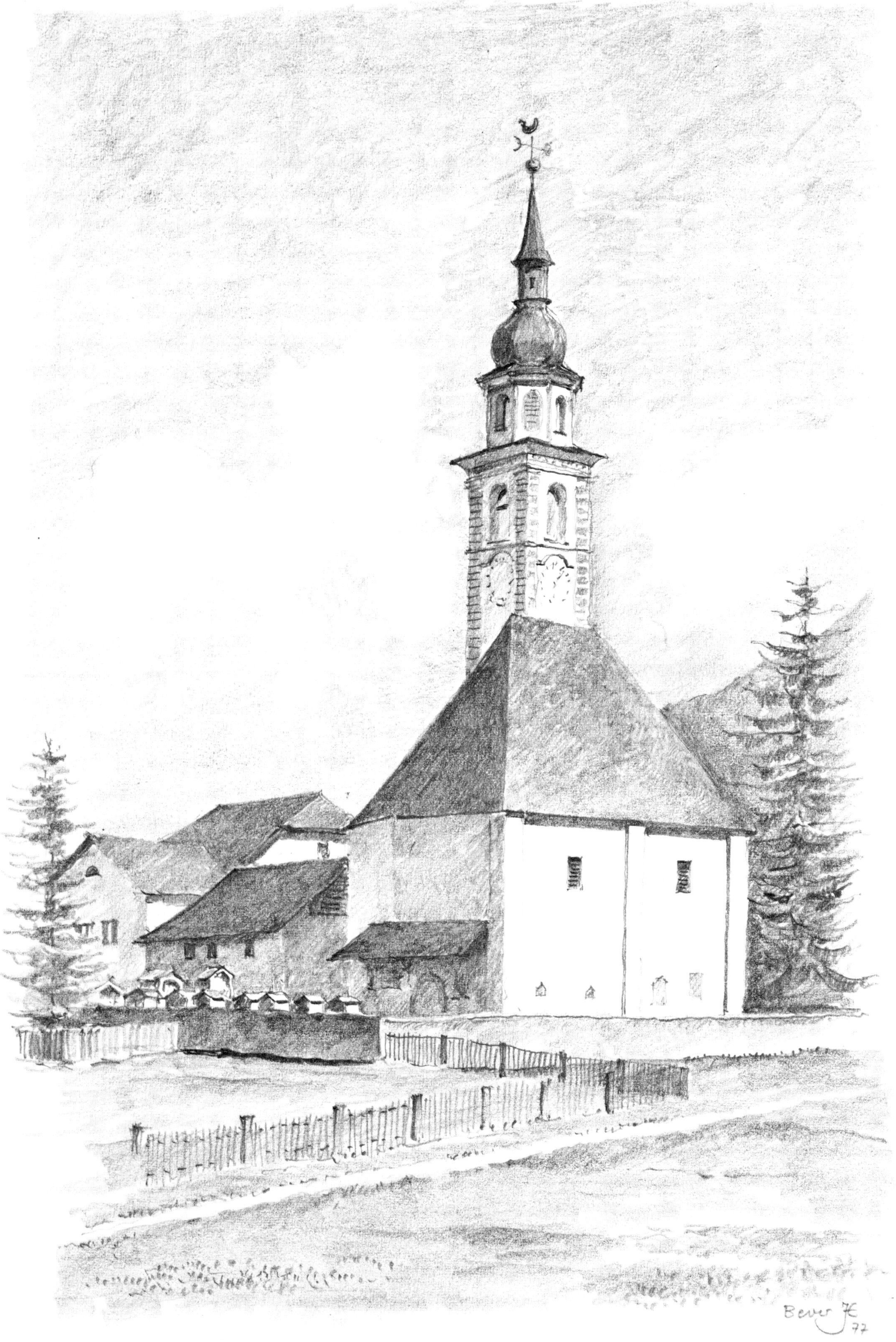
Bever
77

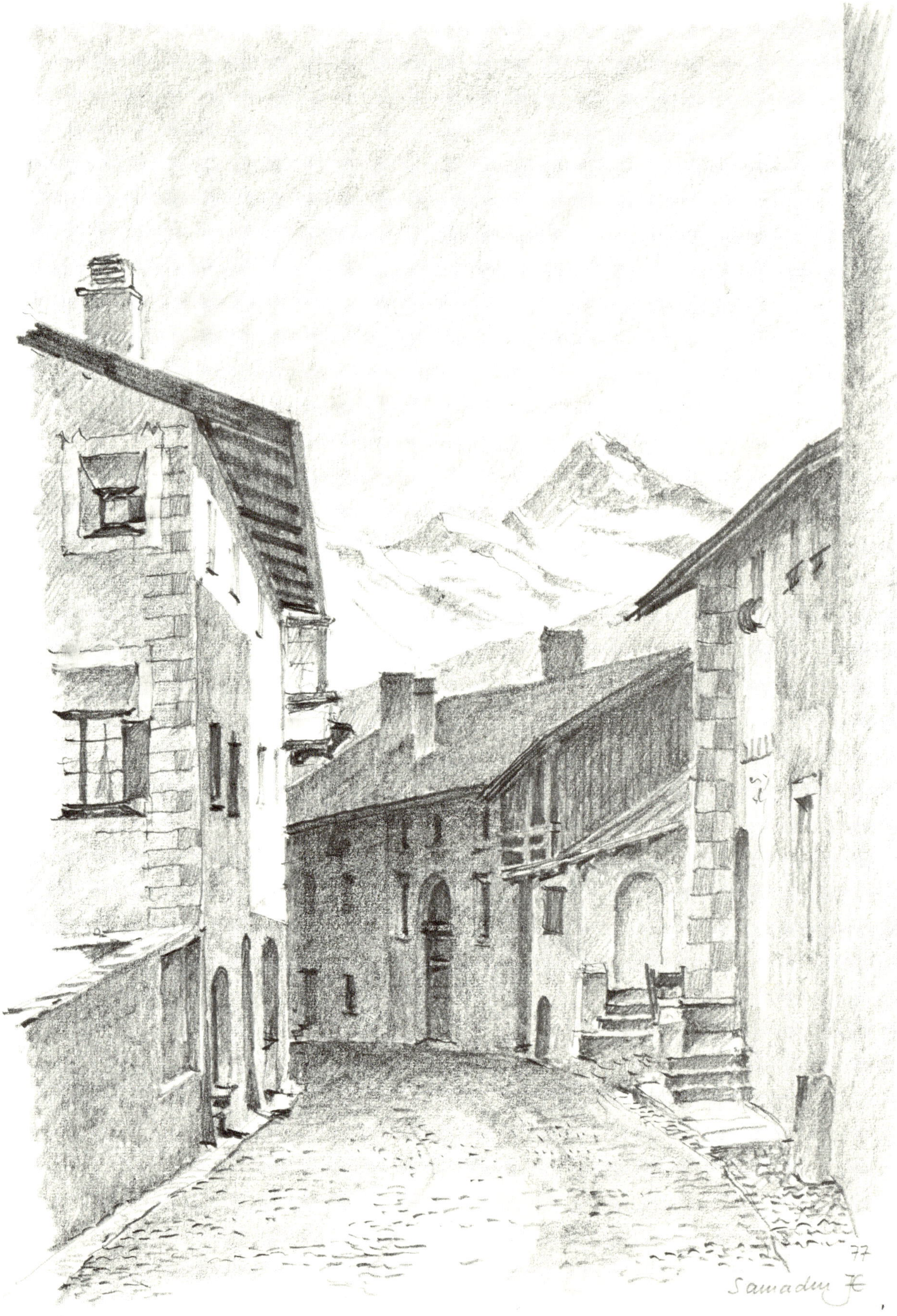
77
Samadun

Samadin 77

mit dem Ort selbst nichts zu tun hat, aber ein Segen für die ganze Region ist, war andererseits die Unterschutzstellung des ihr zugehörenden Rosegtales. Zu hoffen bleibt nur, dass das hohe Ideal auch den neuen Expansionsgelüsten der Corvatschbahnen standhält.

Mit dem Stichwort Roseg schweifen meine Erinnerungen ein weiteres Mal ab vom geraden Wege, denn sie sind untrennbar verknüpft mit dem „Umsteigen in Samedan". Wie oft war ich Geniesser der unverdorbenen Schönheit des Rosegtales bei den vielen Durchwanderungen aus Anlass des Neubaues der Coaz-Hütte. Das Bündel der Erinnerungen schliesst aber nicht das Tal allein ein, sondern auch den anschliessenden Aufstieg über die Vegetationsgrenze hinaus in eine Welt von Schnee und Fels, das Werden eines Bauwerkes in völliger Abgeschiedenheit, und dann die doch immer wieder beglückende Rückkehr in eine grünende Welt.

Celerina

Ein wenig verloren flaniere ich durch das Dorf. Ich finde nicht mehr, was ich glaube vor Jahren gesehen zu haben. Waren es Phantome? Auf Schritt und Tritt meine ich, ihnen wieder zu begegnen, aber immer wieder fehlt etwas daran, ist verändert, ist mit mehr oder weniger nostalgischem Einschlag restauriert. Waren da nicht einst eindrücklich geschlossene Strassenräume? Die Parkplätze, die waren freilich nicht; richtig: dort standen einst die Brunnen...

S. Gian draussen in der Ebene ist hinsichtlich der Umgebung bewahrt geblieben. Mit der ehrwürdigen Kirche St. Maria in Crasta sind die Vorfahren weniger pietätvoll umgegangen; die „höchste Brauerei Europas" hätte gewiss nicht in deren unmittelbare Nähe gehört. Uber-

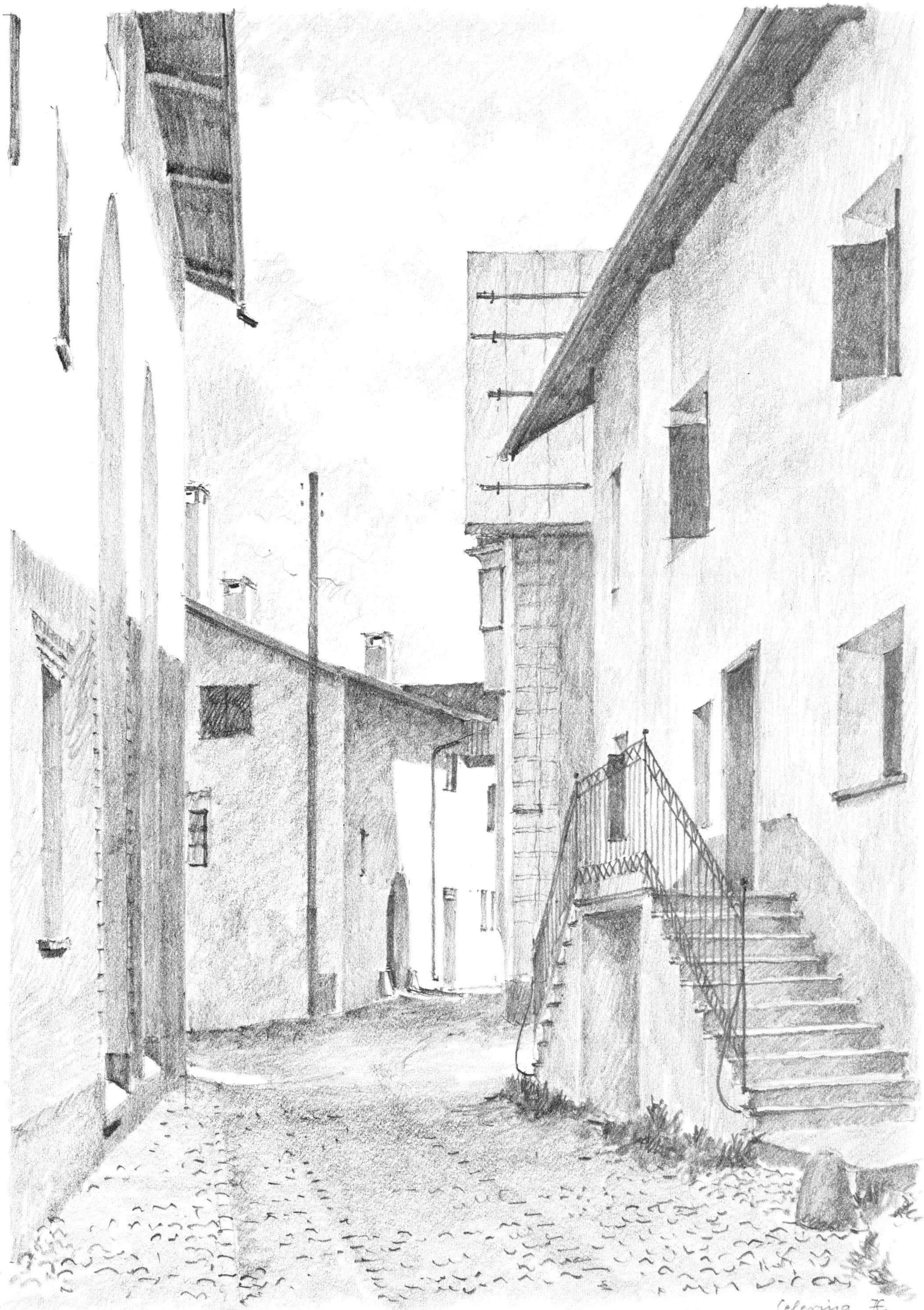
Celerina

haupt muss die Generation ihrer Erbauer in Fragen des Denkmal- und Landschaftsschutzes merkwürdig taub gewesen sein. Aber wie steht es heute? Nachdenklich stimmt jedenfalls das, was an den Hängen nördlich des Dorfes punkto Bebauung geschieht. Es sind dort gleicherweise terrassierte Wiesenhänge wie wir sie in Samedan und vorher schon im Oberhalbstein gesehen haben. Zeugen jahrhundertelanger Kultivierung. Wieviel zählt sie noch gegenüber heutigen Baulandpreisen?

St. Moritz-Bad 79

St. Moritz

Kein Ort langen Verweilens für mich. Der kulturelle Faden ist hier irgendwie abgerissen; er lotet nicht mehr in geschichtlichen Tiefen. Am interessantesten wäre wohl, die Entwicklung der Hotelbauten darzustellen, angefangen bei den grossen Palästen aus der Jahrhundertwende. Diese Entwicklung hatte aber weder damals noch heute eine Beziehung zu engadinischer Baukultur, abgesehen von einzelnen herbeibemühten nostalgischen Reflexen.

Der Einwand der Beziehungslosigkeit kann zwar zum Beispiel auch bei jeder Art „Industrie" erhoben werden, doch handelt es sich dabei in der Regel um Einzelobjekte. Das Gebilde St. Moritz hingegen hat die ganze ursprüngliche Substanz und dazu die Landschaft konsumiert. Und wie dies bei Städten unweigerlich eintritt: sie suchen ihrerseits wieder nach Erholungsraum und damit gelangen die nähere und weitere Umgebung in ihren Sog.

Es ist keiner Gemeinde verwehrt, zur Stadt werden zu wollen. Ob aber eine demonstrative Industrialisierung des Tourismus für einen Ort, der ausschliesslich vom Fremdenverkehr lebt, der richtige Weg ist, mag füglich bezweifelt werden.

Von Silvaplana nach Maloja

Silvaplana

Die Skizze von dem halb abgebrochenen Haus ist nicht etwa eine Momentaufnahme, sondern die Darstellung eines Zustandes der jahrelang bestand, und ebenso lange wie eine Drohung über einer ortsbaulich wie verkehrsgeographisch besonderen Situation lag. Sowohl das „Abbruchobjekt" wie die gegenüberliegenden Häuser flankieren nämlich die Einmündung der Julier-Passstrasse in die Engadiner Talstrasse. Also wie in La Punt, nur hier bei beträchtlich stärkerem Verkehr, eine pragmatisch unbekümmerte, rechtwinklige Zusammenführung zweier wichtiger Strassen! Und dazu noch diese unübersichtliche Passage zwischen Häusern hindurch. Das bare Grausen für jede Art von Verkehrsspezialisten.
Natürlich war die bauliche Situation so entstanden zur Zeit des Verkehrs mit Pferdefuhrwerken, welcher keine Sichtwinkel und Einlenkradien benötigte, und dem es erwünscht war, die Stallungen möglichst nahe an der Strasse zu haben. Der heutige, hektische Autoverkehr rollt aber noch durch den gleichen Engpass. Also korrigieren? „Sanieren"? Die Abbruchsituation schien diese Absicht anzudeuten. Die Erhaltung der ortsbaulichen Struktur sollte hier jedoch eindeutig Vorrang haben.
Die enge Passage symbolisiert eindrücklich den Eingang, die Einkehr von der langen Passfahrt in das bergende Dorf. Aber auch abgesehen von solcher Betrachtungsweise wissen wir zur Genüge, welch unheilvolle Folgen Ausbrüche in Ortskernen gerade an solch neuralgischen Punkten haben, wie trostlos und nichtssagend die verbleibenden Häuser an neuen, unmässigen Asphaltflächen stehen (denn der „Verkehr" ist in seinen Forderungen nie

zimperlich), wie schwierig es auch ist, die durch Ausweitungen angeschnittenen Parzellenreste sinnvoll neu zu nutzen.

Inzwischen scheinen die Würfel zugunsten der Erhaltung gefallen zu sein. Das ist gut so. Andernfalls müsste auch der Engpass in der Talstrasse bei der Kirche behoben werden. Sollte dies je geschehen, und überhaupt eine „Entwicklung" anvisiert sein wie sie in schockierender Weise ennet dem Tal in Surlej eingesetzt hat, dann allerdings wären alle Bemühungen um die Erhaltung der noch vorhandenen traditionellen Substanz Silvaplanas sinnlos.

silvaplana JE 78

Silvaplana

Sils Maria 78

Sils

Nach Verlassen der – jedenfalls in baulicher Hinsicht – hektischen Region St. Moritz wirken dann Sils Maria und Baselgia wohltuend ruhig. Die Wogen der „Entwicklung" lecken zwar auch an ihnen; der Kampf um die Erhaltung der Silser Landschaft ist ja landesweit bekannt. Angesichts der unbändigen, um nicht zu sagen maßlosen Zukunftseuphorie, die in dem 1910 erbauten Hotel Waldhaus zum Ausdruck kommt, ist es sogar erstaunlich, wie viel bauliches Kulturgut in Sils eine Zeitspanne von immerhin 70 Jahren überdauert hat.

Vollends ein ruhender Pol ist das Sommerdörfchen Isola am südlichen Rand des Silser Sees. Möglicherweise ist dies der hier schon spürbaren Bergeller Wesensart zuzuschreiben.

Isola, mit Blick gegen Maloja

Grevasalvas

Ein Gegenstück zu Isola hinsichtlich Ruhe und Abgeschiedenheit findet sich jenseits des Sees, etwa eine halbe Wegstunde oberhalb Plaun da Lej. Beim Anblick des Alpdörfchens Grevasalvas möchte man glauben, die Zeit sei seit dem Mittelalter stillgestanden. Selten so intensiv wie hier habe ich den Hauch der Geschichte, die Zeitspanne vom Mittelalter bis zur Gegenwart empfunden.

Die sichtbar über Jahrhunderte, wenn auch nur über den Sommer währende, archaische Sesshaftigkeit löst Vermutungen aus. Könnte nicht der einstige Weg von Maloja ins Engadin in Anbetracht der schwierigen Felspartien am Steilufer des Silser Sees etwa über die Höhe von Blaunca und Grevasalvas nach Plaun da Lej geführt haben? Der erstaunlich gut, nach Römerart angelegte Weg scheint diese Möglichkeit nicht auszuschliessen.

grevasalvas 78

Cadlägh/
Maloja
78

Maloja

Das kleine Alpdörfchen Cadlägh oder Capolago, nicht die Gegend um die Passhöhe ist das eigentliche Maloja. Es hat dem Druck der Neuzeit leider nicht ganz standgehalten. Nach und nach sind zahlreiche Ferienhäuser entstanden, an sich keine hässlichen Bauten, die aber in Massstab und Gehaben, und erst recht in der Stellung sich nicht in die alte Struktur einordnen. Nicht wenige Künstler haben es eh und je unternommen, die Stimmung der rustikalen alten Hirtenhütten mit dem See zusammen einzufangen. Die Wahl solcher Motive bereitet heute Schwierigkeiten, es sei denn, die Phantasie reiche weiter als die Wirklichkeit.

Das Oberengadin hinterlässt zwiespältige Gefühle. Die grossen Linien der Landschaft, die Berge wenigstens, sind noch da wie eh und je. Im Bereich der Siedlungen ist jedoch schon zuviel von der Landschaft vermarktet worden, als dass man noch vorbehaltlose Begeisterung aufbringen könnte. Selbst das Aushängeschild „Segantini" ändert daran nichts mehr; es wird eher als anachronistisch empfunden. Gerechterweise muss gesagt sein, dass diese Vermarktung nicht allein unserer Zeit angelastet werden kann. Sie hat schon um die Jahrhundertwende eingesetzt und in einer unglaublich unbekümmerten Fortschrittseuphorie die riesigen Hotelpaläste in St. Moritz, Sils Maria und Maloja, um nur diese zu nennen, in die Landschaft gesetzt.

Die heutige Entwicklung geht mehr in die Breite, ist aber nicht minder landschaftsfressend. Punktuell hat auch eine Verstädterung eingesetzt, und dort sieht man sich nun mit dem Pendelschlag Richtung Nostalgie und Natur der Gäste aus dem Unterland konfrontiert. Weil aber die eigene, ursprüngliche Substanz bereits verbraucht ist, gilt die Anschau dem Ersatz auf dem „Lande". Der Gedanke ist unerträglich, dass die „Fremdenindustrie" die letzten Reste von Ursprünglichkeit, wie zum Beispiel Grevasalvas, in den Griff bekäme.

Auch die Spekulanten machen sich neuerdings die gleiche nostalgische Welle zunutze im Bau von Ferienhäusern. Sie können sich nicht genug tun an Imitationen und übersteigerter Rustikalität. Die Zufälligkeiten alter Bauten können aber nicht geplant werden; in der Nachahmung werden sie zu Attrappen und wirken als solche eher peinlich.

Letzte bedauernde Blicke gelten den Abhängen von Corvatsch und Furtschellas, wo mit dem Ausfräsen und Walzen künstlicher Pisten für eine Art Perversion im Skilauf natürliche Landschaft geopfert wurde. Solcher Frevel ist wahrhaftig eines der bedenklichsten Kapitel unserer Zeit.

MALOJA - CASTASEGNA

Von Maloja nach Löbbia

Das Bergell beginnt nicht nur territorial, sondern auch visuell beim Malojapass, dem eigenartigsten aller Pässe, weil es eigentlich keiner ist. Die breite Engadiner Talsohle endigt, nur wenige Meter höher als der Silser See, abrupt an einem unerhört schroffen Abbruch. Eine Sensation geologischer wie topographischer Art, dem Laien so unbegreiflich wie die Gletschermühlen am Rande dieses Abgrundes.

Man steht an den Aussichtspunkten entlang des Absturzes und schaut — mehr träumend als sehend — hinaus und hinunter. Viel gibt das Bergell hier noch nicht preis. Dunkle, ernste Tannenwälder, steile Hänge, ein zu einem tiefen V eingeschnittener Talgrund ...

Doch dort, weiter draussen, unter dem feinen Dunst muss jenes andere Land liegen, jenes Andersartige, Lockende, das jahrtausendelang und bis heute Anlass war, Wege über die Alpen zu suchen.

Mit einem freundlichen Willkommgruss wartet das Bergell bereits in Cavril auf, kaum dass die kurvenreiche Passstrasse den ersten Talboden erreicht hat. Cavril, ein reizvoll in die Landschaft einer dem Bachbett der ehemals wilden Orlegna hineinkomponiertes Alpdörfchen.

Eine noch grössere Ueberraschung erwartet uns kurz danach in Gestalt der Kirchenruine San Gaudenzio, wenig oberhalb Casaccia. Das Erstaunliche daran ist weniger die isolierte Lage und die Grösse, als vielmehr das Vorhandensein reinster Hochgotik, hier in weit und breit romanischem Lande. Diese Gotik äussert sich nicht etwa nur in Andeutungen, sondern mit dem vollen Instrumentarium ihrer Stilformen, angefangen bei den Dreiviertel-Wandsäulen, den Ansätzen profilierter Gewölberippen bis zu Maßwerkfenstern. Ein Hauch von Geschichte und Vergänglichkeit verwebt sich zu einer eigenartig nachhaltigen Erinnerung.

Diese Kirche dürfte – noch viel weniger als jene auf Hohrätien – nie wiederhergestellt werden. Sie muss der Geschichte überlassen bleiben. Nur: Wenigstens als Ruine sollte sie gesichert werden. Ein erster Schritt wäre, zu vermeiden, dass Kühe im Kirchenschiff weiden ... und dass der schon wahrschaftige Baum im Chor nicht noch oben hinauswächst.

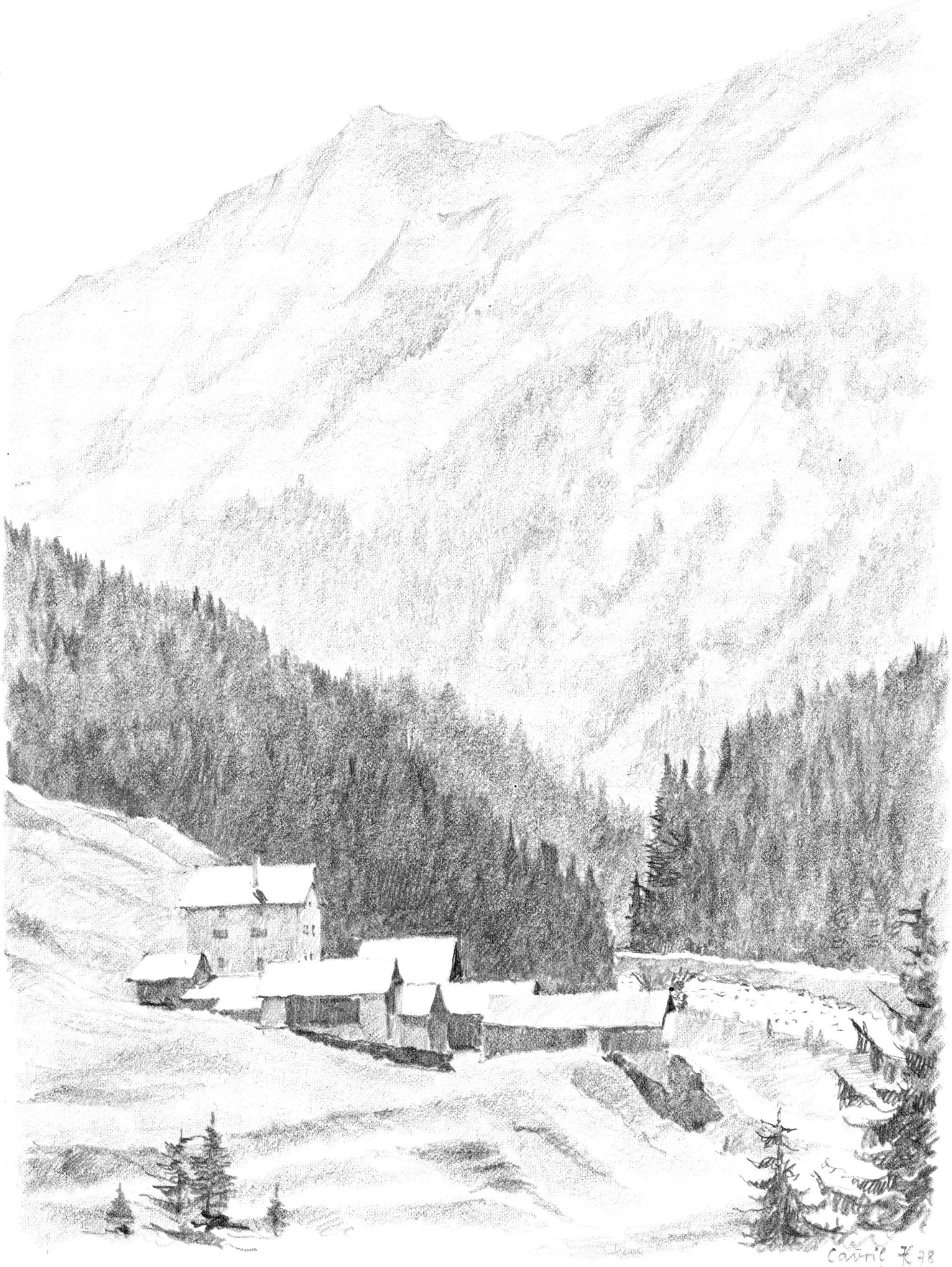

Casaccia, S. Gaudenzio

In Casaccia deutet nichts darauf hin, dass der Ort Ausgangspunkt zu dem so wichtigen Septimerpass war. Freilich, die Saumtiere brauchten keine breite Strasse; sie fanden bald einmal ihren Weg zwischen den Ställen hinauf auf die beschwerliche Route. Nur der Ueberrest eines Wehrturmes verrät noch etwas von der einstigen strategischen Bedeutung. Dass übrigens Casaccia seit je nicht nur ein Bauerndorf gewesen ist, kann an den stattlichen Bauten des Convento (ehemals Hospiz) und der Casa Zadrina abgelesen werden.

Von Casaccia nach Löbbia ist es kein langer Weg. Hier finden wir, nach Cavril, schon das zweite Alpdörfchen, das in seiner Ursprünglichkeit und Unversehrtheit Herz und Auge erfreut. Der Zufall will es, dass gerade hier das Ursprüngliche mit den sinnfälligsten Zeugen der Neuzeit konfrontiert erscheint. Ich meine nicht das Elektrizitätswerk Löbbia, das sich sehr diskret in die Landschaft einfügt, sondern das künstliche Gebilde in der Talaxe geradeaus, aber hoch oben am Berg: die Staumauer Albigna. Deren Anblick lässt ein Bündel von Erinnerungen wieder wach werden. Die frühesten reichen in die Zeit zurück, als der Albignabach noch in grossartigen Kaskaden vom Himmel herunterstürzte, als die kleine, hölzerne Albigna-Hütte noch stand und vom Bergführer und Hüttenwart Philip Wieland betreut wurde, und sie schienen die damaligen Klettertouren im scharfen Granit ein, Touren die trotz vieler Erfüllung noch so manche Wünsche offen liessen, Hoffnungen auf später...

Dieses „später" liess lange auf sich warten. Erst als all die Dinge um Stausee, Seilbahn, Kraftwerk, all die Landschaftsveränderungen bereits geschehen waren, kam ich wieder in die Albigna hinauf. Das Bedauern um die Eingriffe, das Verschwinden des tosenden Baches war nie restlos zu überwinden. Doch ist dazu gerechterweise ein grosses „Aber" anzubringen. Wer die breit gefächerten, grossen Geröllbette der Maira und Orlegna im Tal, die Schuttsträhnen an den Berghängen sieht, kann leicht ermessen, was die beiden Wildbäche dem Tal als Bedrohung bedeutet hatten. Deshalb wird niemand der Talschaft die Entlastung von dieser Sorge, so wenig wie das Einkommen aus den Konzessionen missgönnen dürfen.

Mit solchen Gedanken bin ich dann oftmals über die Staumauer und hinauf zur neuen Albigna-Hütte gewandert. Die Aufstiege galten einigen Umbauarbeiten an der Hütte, und endeten dann auch meistens dort. Es war ein wenig zu spät geworden im Leben, um all das nachzuholen, was aus früherer Zeit an Tourenwünschen offen geblieben war. Die Erkenntnis einer neuen Dimension der Musse und Kontemplation hilft nicht wenig über das Verzichtenmüssen hinweg. Zeit haben zum Schauen, zum Zeichnen auch, das früher so oft dem Gipfeldrang hintangestellt wurde...

Punta d'Albigna
Juli 76

Von Vicosoprano nach Coltura

Der einstige Status als Hauptort des Bergells ist in Vicosoprano noch heute spürbar. Er äussert sich in stattlichen Bürgerhäusern, besonders an der Hauptgasse, die vom Durchgangsverkehr nun glücklicherweise entlastet ist. Die Häuser geben sich zwar eher etwas spartanisch und introvertiert, wie auch der Rathaus- und der Von-Salis-Turm, die beide im Strassenbild kaum in Erscheinung treten. Die geschichtliche Bedeutung ist ohnedies an vielem zu erkennen, und dass Vicosoprano Gerichtsort war, ist allein schon mit dem Pranger am Rathaus bezeugt. Wen dort nicht das Gruseln ankommt, mag sich nochmals auf die Probe stellen beim Anblick der Galgensäulen im Wald nahe dem Dorf.

Vicosoprano 77

Borgonovo 77

Durch den nämlichen Wald führt ein angenehmer Weg nach Borgonovo. Daselbst lässt sich die schmale, und von mancherlei interessanten Bauten flankierte Dorfstrasse mit umso grösserem Genuss durchwandern, als auch hier eine Umfahrung besteht. Deren Bau ergab Probleme wegen dem Anschluss der alten Bogenbrücke über die Maira. Der Entscheid fiel richtigerweise für die Erhaltung und Fortsetzung mit einem weiteren Bogen über die neue Strasse. Nur: Warum musste der neue Teil doppelt so breit sein wie der alte? Hoffentlich wird nie jemand auf den Gedanken kommen, den alten Teil ebenfalls zu verbreitern.

Im Bergell scheint jedem Dorf ein eigenes Attribut angemessen zu sein. In Stampa wäre es beispielsweise das rühmliche Gedenken an die Künstlerdynastie der Giacometti. Die wenigsten Besucher Stampas achten zwar der schlichten, gekerbten Inschrift an einem Balken des ehemaligen Atelierhauses – begreiflich, neben der ungleich attraktiveren Ciäsa Granda! – aber die Namen der Giacometti sind doch vielen Zeitgenossen ein Begriff, den sie direkt und zwanglos mit dem Bergell verbinden. Diese Identifikation ist heute echter und glaubwürdiger als jene Segantinis mit Savognin und dem Engadin.

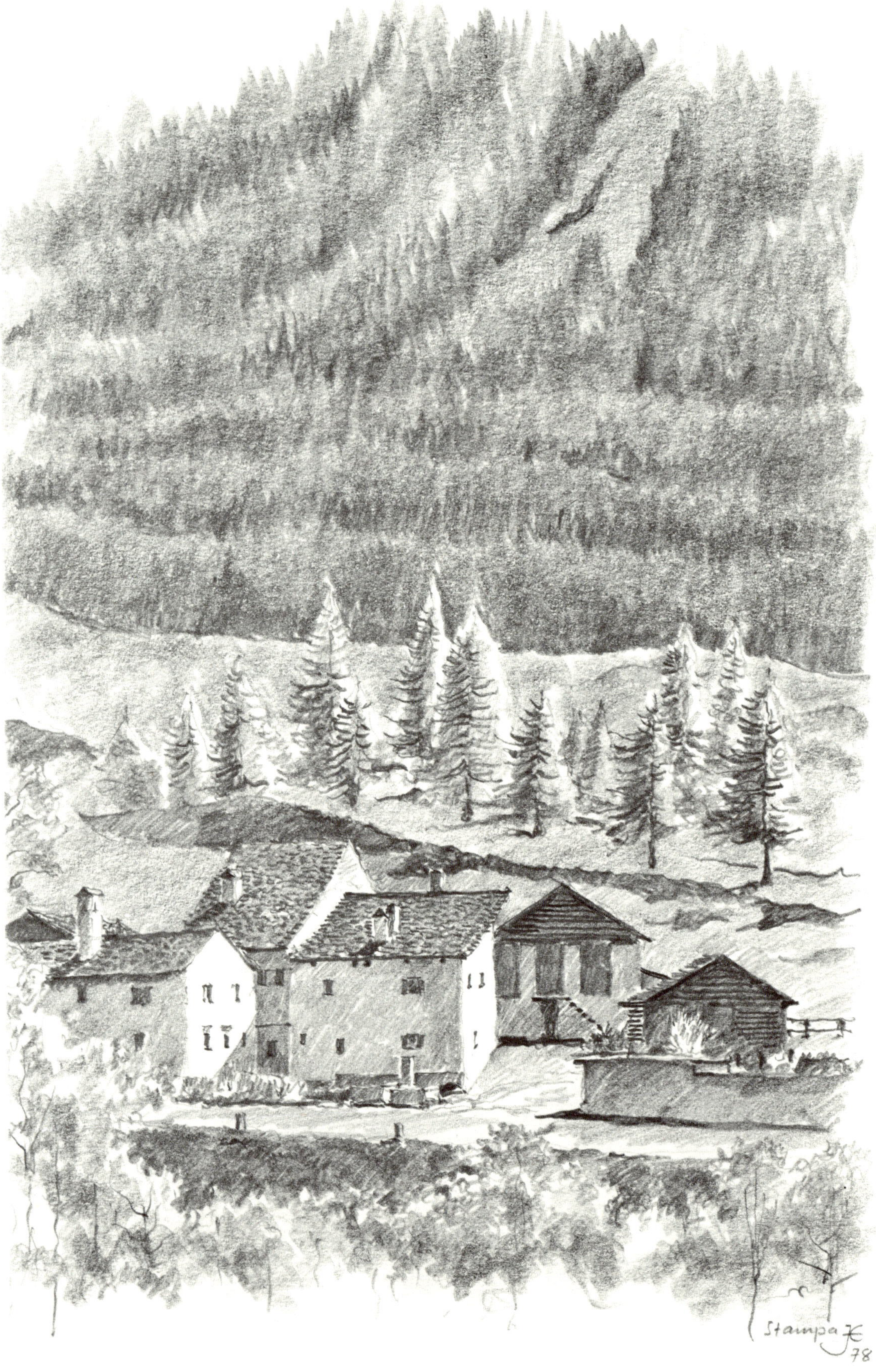
Stampa
78

Stampa Okt. 78

Ein Aesthet, der Coltura auf der Hauptstrasse von Stampa aus angeht, mag leicht erschrecken beim Anblick des Palazzo Castelmur, jedenfalls dessen südseitiger, von zwei Türmen flankierten und zinnenbekrönten Backsteinattrappe. Ein Werk aus dem letzten Jahrhundert. Wie wird man in weiteren hundert Jahren darüber denken? Erfreulicher ist der Zugang in das Dorf auf der rechten Talseite. Es gibt da Häuser mit Jahrzahlen aus dem frühen Mittelalter, und entsprechend traditionsträchtig ist denn auch die Atmosphäre Colturas. War es Zufall, dass ich hier erstmals im Leben eine Frau am Spinnrad sah? Und wie nebenan Schafe geschoren wurden?
Im Innern des Dorfes präsentiert sich übrigens auch der Palazzo Castelmur sehr viel angemessener.

Coltüra
77

Coltura, S. Pietro
1977

Sotto la porta

Promontogno

Hier an der Porta, die das Bergell in "sopra" und "sotto" teilt, häufen sich die verschiedenartigsten Eindrücke. Der felsige Riegel im Tal war nicht nur von jeher von grosser strategischer Bedeutung. Auch klimatisch tut sich hier etwas, zwar nicht spektakulär, aber auf gewisse Art doch erregend: Wir begegnen unterhalb der Porta den ersten Kastanien!

Von "sopra" kommend, fällt zunächst der Aufgang zur Kirche Nossa Donna und dem mächtigen Festungsturm auf. Weniger für das Auge als für das geschichtliche Empfinden interessant ist der untere, alte Weg, welcher buchstäblich durch eine "Porta" in den einstigen Wehrbereich führt. Von hier aus ist es nur noch ein kleines Wegstück bis in die Hauptgasse Promontognos hinunter. Dicht gereiht und hoch stehen sich hier die Häuser an der winkligen Gasse gegenüber. Man staunt an ihnen hinauf... etwa in einem geschützten Winkel, wo man sich dies erlauben kann. Denn bis heute wälzt sich der ganze Tal- und Transitverkehr fast pausenlos durch die enge Passage, zirkeln die Cars und schweren Laster zentimetergenau an den Hauskanten vorbei. Eines Tages wird die so bitter notwendige Umfahrung da sein und der Verkehr wird dann achtlos an Promontogno vorbeirollen. Damit wird aber auch das Erlebnis und der Begriff der "Porta", die schon heute kaum mehr durch das gemauerte Tor oben auf dem Felsen, als vielmehr durch die enge Gasse geprägt sind, mehr und mehr aus dem Bewusstsein entschwinden.

Promontogno
77

Steinbruch in Promontogno
78

Promontogno

Promontogno
77

Promontogno 78

Wer die alte Talabschlussmauer schon aus der Nähe betrachtet hat, wird das überaus sorgfältige Mauerwerk, und neidvoll das feinschichtige Steinmaterial, das hier zur Verfügung gestanden hatte, bewundert haben. Ueber dessen Herkunft muss nicht lange gerätselt werden beim Anblick der nahen Steinbrüche.

Grotto in Bondo
9.5.76

Bondo

Die Namen Bondo und Promontogno haben einen guten Klang in den Ohren der Bergsteiger, verbindet sich mit ihnen doch der Begriff „Bondasca" und ihren stolzen Gipfeln. Seit dem Bau eines Gütersträsschens von Bondo in die Val Bondasca hinein benutzen weitaus mehr Autofahrer diesen bequemeren Zugang als den alten Fusspfad von Promontogno aus. Damit ist Bondo stärker in das Blickfeld vieler Touristen gelangt.

Am reizvollsten ist es, den kurzen Weg von Promontogno nach Bondo hinüber zu Fuss zu gehen, denn an ihm begegnet man den ersten Grotti und den ersten schattigen Kastanien. Einen schöneren Auftakt zum Erlebnis „Bondo" könnte man sich nicht wünschen.

Val Boudasca JC 78

Piz Badile von Sasc Furä
H 78

Dieses Dorf darf wohl bezüglich seiner baulichen Unversehrtheit als das schönste im Tal bezeichnet werden. Der Blick über die silbergrauen Steindächer, die nur überhöht werden durch den schlichten Kirchturm und den Palazzo Salis, umfasst ein Bild ungestörten Einklangs. Bauart und Struktur des Dorfes verbreiten eine spürbar südliche Atmosphäre die nicht beschrieben, sondern nur empfunden werden kann.

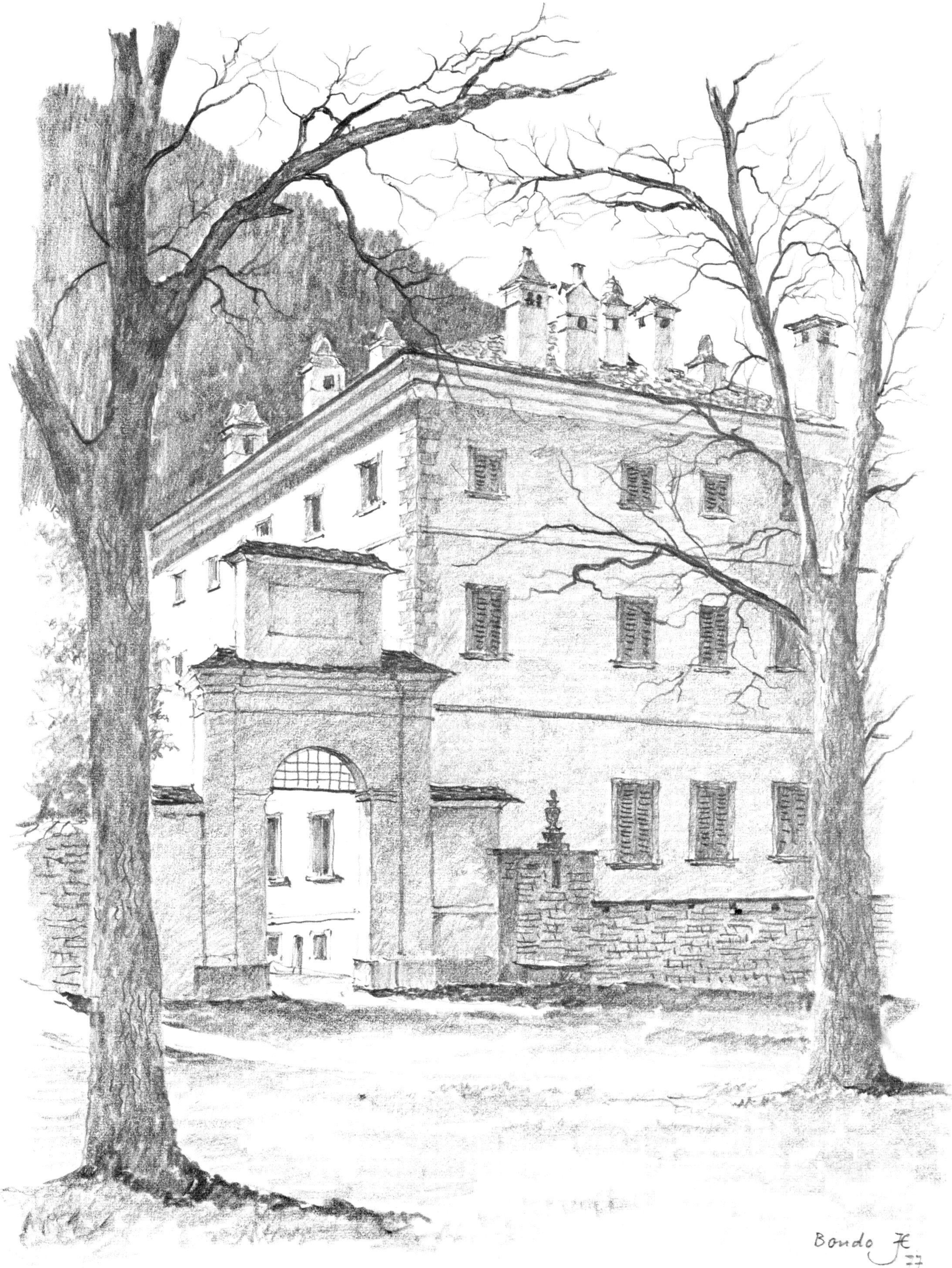
Bondo

Jedenfalls ist es ein vergnügliches Schlendern in den gepflästerten, engen und winkligen Gassen, die auf Schritt und Tritt Ueberraschungen bereithalten. Eine solche ist auch der Palazzo Salis in seiner unmittelbaren Konfrontation oder, besser gesagt, seiner Verbundenheit mit dem Dorf, seinen Bewohnern und seinem ländlichen Gewerbe. Der nur wenig ältere Palazzo Scartazzini befindet sich übrigens, noch weit weniger solitär, unmittelbar am Dorfplatz. Und wenige Schritte davon die Kirche mit ihren wertvollen Fresken.

Das erwähnte Strässchen in die Val Bondasca hat seinen Anfang direkt am Dorfrand und steigt sofort in den Wald hinauf. Ich habe es oftmals benützt, und dies — einmal mehr — im Gefolge von Bauarbeiten. Die Sasc Furä-Clubhütte war zu klein geworden für die vielen Kletterer am Badile, am Cengalo, in der Trubinasca. Ich möchte gewiss keine andere der etlichen Hütten, die ich zu bauen hatte, aus liebenswerten Erinnerungen verdrängen, aber selten so stark wie hier waren Herz und Gemüt beteiligt an der Aufgabe, eine Hütte zu erweitern, ohne aber ihren schlichten Charakter zu verändern. Ein wenig stille Resignation war zwar auch hier dabei, denn auch der Badile war einer der Berge, die ich aus der einstigen Wunschliste streichen musste. Jetzt war es so weit; ich konnte neidlos zusehen wie sich die Kletterer im Morgengrauen zum Aufbruch rüsteten...

Und waren nun keine Seilkameraden mehr um mich, so waren es dafür neue, liebe Freunde aus dem Tal.

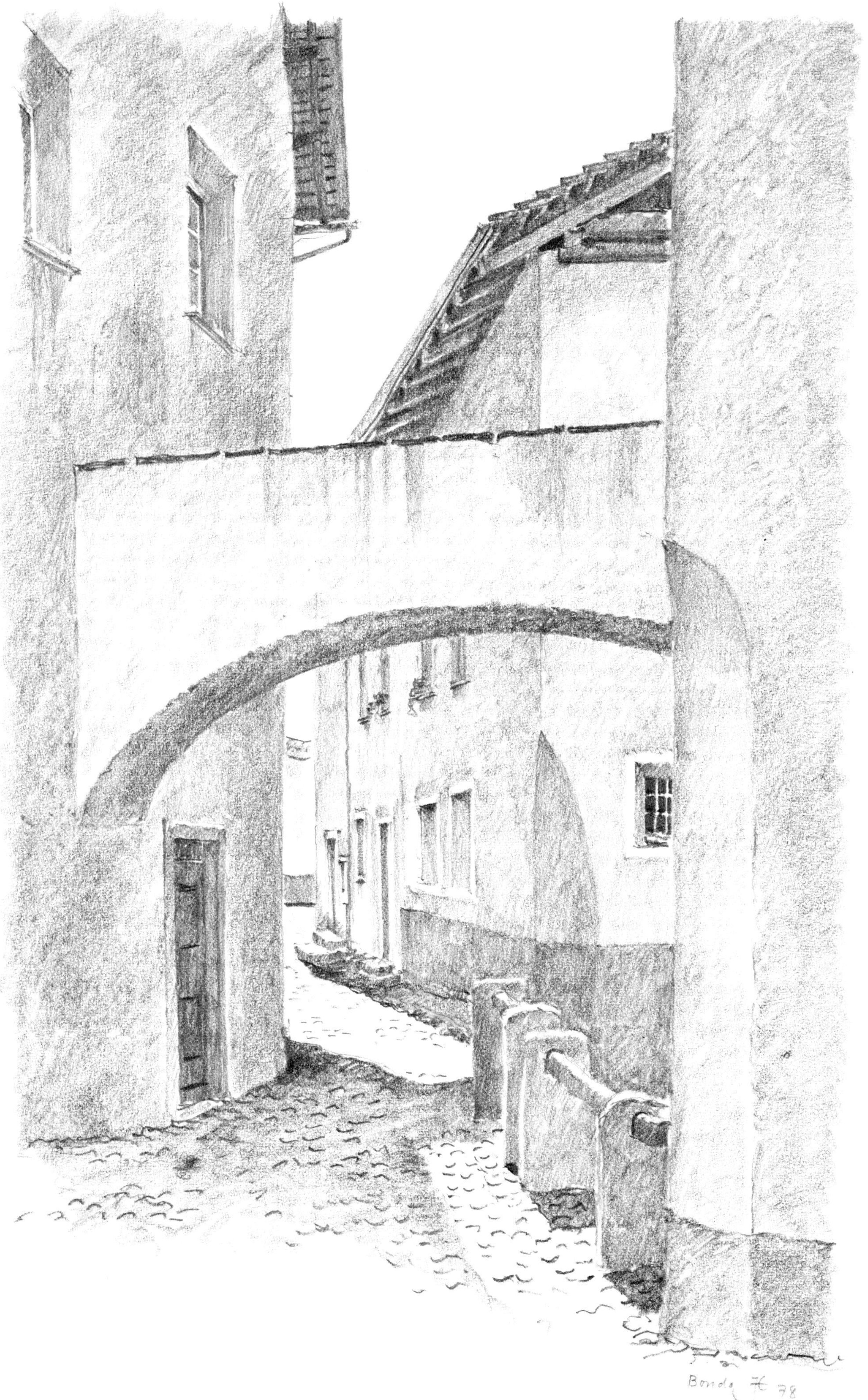

Soglio

War schon der Abstecher in die Val Bondasca ein Abweichen vom direkten Wege nach Castasegna, dann darf auch Soglio nicht fehlen. Und wenn schon von Attributen die Rede war: Hier wären gleich mehrere am Platze. Soglio ist das bekannteste, meist besuchte und am häufigsten abgebildete Dorf des Bergells. So wäre also nichts mehr beizufügen? Vom Visuellen her sicher nicht viel Neues, aber die Faszination ist zu gros, um auf jegliches Memorieren verzichten zu können.

Was ist denn Soglio? „Ein zusammengeschobener Haufen grauer Würfel" wurde es einmal genannt. Das ist natürlich allzu pauschal, denn der Haufen birgt jedenfalls den gar nicht etwa grauen Kern der Salis-Palazzi. Und da Soglio ein Bauerndorf ist, fehlt auch das braune Holz der Ställe nicht. Was macht denn aber die Faszination aus? An den Palazzi allein kann es nicht liegen; wir haben ja gerade solche in Bondo gesehen. Die Kontraste sind hier allerdings grösser; im Blick aus den engen, rustikalen Gassen hebt sich die höhere Baukultur der Herrschaftshäuser weit stärker ab. Für den Durchschnittsbesucher mag die Anziehung anderer Art sein; vielleicht sind es Reflexionen aus dem Ortsnamen. Solo – das Einmalige, Einzigartige. Oder Sole-Sonne. Ja vor allem Sonne. So kommen wir herauf auf die Sonnenterrasse, auf dem Höhenweg vom oberen Bergell her, über den eigenartigen Treppenweg, oder durch den Kastanienwald. Vergnüglich lässt sich's auf einer der Terrassen sitzen, ein Glas vor sich... und Aussicht... und die spürbare Nähe des Südens. Ferienstimmung. Und abends Rückkehr ins Tal...

Soglio
9.5.76

Soglio 77

Haben die Wanderer am Höhenweg die verlandenden Alpen, die verlassenen Ställe gesehen? Haben sie ein Dorf bemerkt, dass fast keine Kinder da sind? Haben sie sich Gedanken gemacht über die Wohnverhältnisse in den alten Häusern an schmalen Gassen? Haben sie eine Ahnung, wieviel der Unter-

soglio JC 78

soglio

halt eines Palazzo kostet? Wohl kaum. Die meisten Besucher sehen nur das Sonntagsgesicht, ja sie wollen nur dieses sehen. Doch die Realitäten sind da, und sie treffen nicht nur auf Soglio, sondern in ähnlicher Art auf viele Bergdörfer zu. Dass sie nun gerade in Soglio angetippt werden, mag befremden, doch so abwegig ist es nicht. Denn gerade der Gegensatz zwischen dem Status eines besonders charaktervollen, in vielen Augen als geradezu paradiesisch angesehenen Dorfes und seinen Ueberlebensproblemen, mit denen es aus eigener Kraft kaum mehr fertig wird, ist hier besonders akut. Bedrängende Fragen bleiben nicht aus. Warum die Abwanderung? Ist die Berglandwirtschaft nicht mehr zu erhalten? Und warum nicht? Was kann man zu deren Wiederbelebung tun? Keine Arbeit im Gastgewerbe? Warum denn ausländisches Personal an Orten wo man dies zuletzt erwarten würde?

Fragen über Fragen, in deren Gestrüpp der Einzelne sich nicht mehr zurechtfindet. Aber er darf nicht resignieren, er sollte wach und offen bleiben, wenn solche Probleme an ihn herantreten.

Castasegna

Wer hier nur durchreist, wird von den Liebenswürdigkeiten Castasegnas wenig, dafür aber den Eindruck einer gewissen Hektik mitnehmen. Kein Wunder, denn eine einzige Strasse hat den ganzen Transitverkehr zu schlucken, ein saisonweise kaum abreissender Corso, darunter nicht wenige Cars, grosse Brummer, halsbrecherisch hoch mit Baumstämmen beladene italienische Lastwagen. Die lange, enge Passage durch das Dorf – so eng und so winklig wie in Promontogno, nur viel länger – erlaubt kaum irgendwo ein Anhalten und Verweilen. Auch ein wenig Nervosität spielt hinein wegen des nahen Zoll- und Grenzpostens.

Castasegna / Brentan
E 78

Castasegna

Angeschmiegt an den relativ steilen Abhang oberhalb der Mera hat Castasegna keine Möglichkeit zur Breitenentwicklung. Es finden sich denn auch nur wenige kleine Nebengässchen, deren eines in den stillen Bereich der alten romanischen Kirche S. Gian führt.

Ein anderer Seitenweg leitet hangaufwärts in den wundervollen Kastanienwald von Brentan. Ich hätte nie einen Moment gezaudert, diesen lichten, aus prächtigen Baum-Individuen bestehenden Hain, in welchem kleine Cascine – Hütten in denen Kastanien geröstet werden – eingestreut sind, unter die Landschaften von nationaler Bedeutung einzureihen. So betrachtet, ist zu bedauern, dass der untere Teil schon stark mit Wohn- und Ferienhäusern durchsetzt ist. Soweit diese auf die Bedürfnisse Einheimischer zurückzuführen sind, wird man ein gutes Mass an Verständnis aufbringen müssen, doch ist sehr zu hoffen, dass die Grenze der Bebauung nicht noch höher hinaufrücke.

Kehren wir aber nochmals an die Hauptgasse zurück. Der Verkehr ist hier vernünftigerweise durch Lichtsignale in Phasen unterteilt, so dass man wenigstens in kurzen Pausen unbehelligt auf die Strasse hinaustreten kann. Das tat ich denn auch und schaute die Gasse hinab, talaus in Richtung Chiavenna....

Castasegna 77

Die Reise ist zu Ende, oder vielmehr: das vorgefasste Ziel ist erreicht, ein Ziel das auch Ausgangspunkt zur Weiterreise in den Süden sein könnte.

Ich habe versucht, einige Eindrücke festzuhalten, Typisches wo dies möglich war, ab und zu Repräsentatives, Signifikantes, oder einiges auch nur deshalb weil es mich zum Zeichnen reizte. Streiflichter könnte man diese Art Darstellung auch nennen, denn sie ist, wie eingangs angesagt, lückenhaft. Die Lücken mögen den Leser anregen, selber zu beobachten, zu erwägen was die Heimat ausmacht, was es, vornehmlich an Schönem, an kultureller Substanz noch zu sehen und zu bewahren gibt.

Es lag nicht im geringsten in meiner Absicht, eine heile Welt vorzuspiegeln; es gibt sie – im Ganzen gesehen – nicht mehr. Auf manch Unerfreuliches ist beiläufig hingewiesen. Wenn es nicht ausführlicher zur Darstellung gelangte, so in der Meinung, das Auge solle sich am Wohlgefälligen bilden und erfreuen, um die Erkenntnisse dann umzusetzen, sei es im Einsatz zur Erhaltung oder im eigenen Gestalten. Die Wahrnehmung darf sich jedoch nicht allzusehr auf das Einzelobjekt oder den einzelnen Aspekt beschränken. Die Meinung ist noch weit verbreitet, dass mit der Erhaltung eines besonders schönen Hauses, oder eines attraktiven Geländeabschnittes den Schutzerfordernissen genüge getan sei. Dabei wird übersehen, dass solche Objekte eines angemessenen Umgebungsschutzes bedürfen, damit sie in ihrer Besonderheit zur Geltung kommen und nicht zu Museumsstücken werden, die keine organische Beziehung zur angestammten Umgebung mehr haben. Solcher Umgebungsschutz kann unter Umständen in äusserst schlichter Substanz bestehen, die in eben ihrer Schlichtheit nicht beachtet, und deshalb unbedenklich preisgegeben wird. Was hier im Einzelnen gemeint ist, gilt auch für den Landschaftsschutz und die Erhaltung des überlieferten Kulturgutes in landesweitem Rahmen.

Wir wissen nicht, wie künftige Generationen unsere Zeit beurteilen werden. Eigentlich wäre ihnen zu wünschen, dass sie sie nicht als „gute alte" betrachten müssten. Wir Heutigen werden um das Geständnis herumkommen, viele Fehler begangen zu haben, insbesondere im Verschleiss an Landschaft und Ortsbildern, Fehler die nicht mehr oder nur schwer wieder gutgemacht werden können. Noch wäre manches zu retten, wenn wir nur wollten und die Chance die uns noch gegeben ist, wahrnehmen würden. Dass wir noch auf einen reichen Bestand an Kulturgut blicken dürfen, ist beglückend; unsere Verpflichtung zu dessen Erhaltung dürfte überhaupt nicht in Frage gestellt werden.

Was hier vom kulturellen Erbgut entlang historischer Alpenübergänge dargestellt ist, bedeutet landesweit gesehen nur einen kleinen Ausschnitt, und innerhalb dessen wiederum nur einen Bruchteil des wirklich Vorhandenen, ganz abgesehen von der vielfältigen Facettierung wie sich dieses je nach Stimmung, Jahreszeit und Licht darbietet. Und damit ist erst nur das Sichtbare, das **Äussere** des Geschauten angedeutet. Hat uns aber nicht auf dem ganzen Wege das Wissen oder wenigstens die Ahnung begleitet, dass hinter all der Wirklichkeit ein schier unergründliches Mass an Geschichte steht?

So bleibt immer ein Rest in unserem Tun – und hier ist es gar ein volles Mass an Unausgeschöpftem.

ORTSVERZEICHNIS IN DER REIHENFOLGE DES BUCHINHALTES

CHUR – THUSIS – TIEFENCASTEL

Chur	Hohenrätien	Scharans
Felsberg	Rothenbrunnen	Sils i. D.
Domat Ems	Paspels	Mueldain
Reichenau	Rodels	Alvaschein
Rhäzüns	Pratval	Mistail
Cazis	Fürstenau	Tiefencastel
Thusis	Almens	

CHUR – LENZERHEIDE – TIEFENCASTEL

Malix	Parpan	S. Cassian
Churwalden	Lenzerheide	Lantsch

TIEFENCASTEL – OBERHALBSTEIN – SEPTIMER / JULIER

Mon	Cunter	Sur
Del	Savognin	Bivio
Salouf	Tinizong	Septimerpass
Riom	Mulegns	Julierpass

TIEFENCASTEL – FILISUR – ALBULA

Surava	Filisur	Preda
Alvaneu-Bad	Bergün	Albulapass

LA PUNT – MALOJA

La Punt	Celerina	Isola
Bever	St. Moritz	Grevasalvas
Samedan	Silvaplana	Maloja
	Sils Maria	

MALOJA – CASTASEGNA

Casaccia	Borgonovo	Bondo
Löbbia	Stampa	Val Bondasca
Albigna	Coltura	Soglio
Vicosoprano	Promontogno	Castasegna

● Orte von denen das Buch
  Zeichnungen enthält.

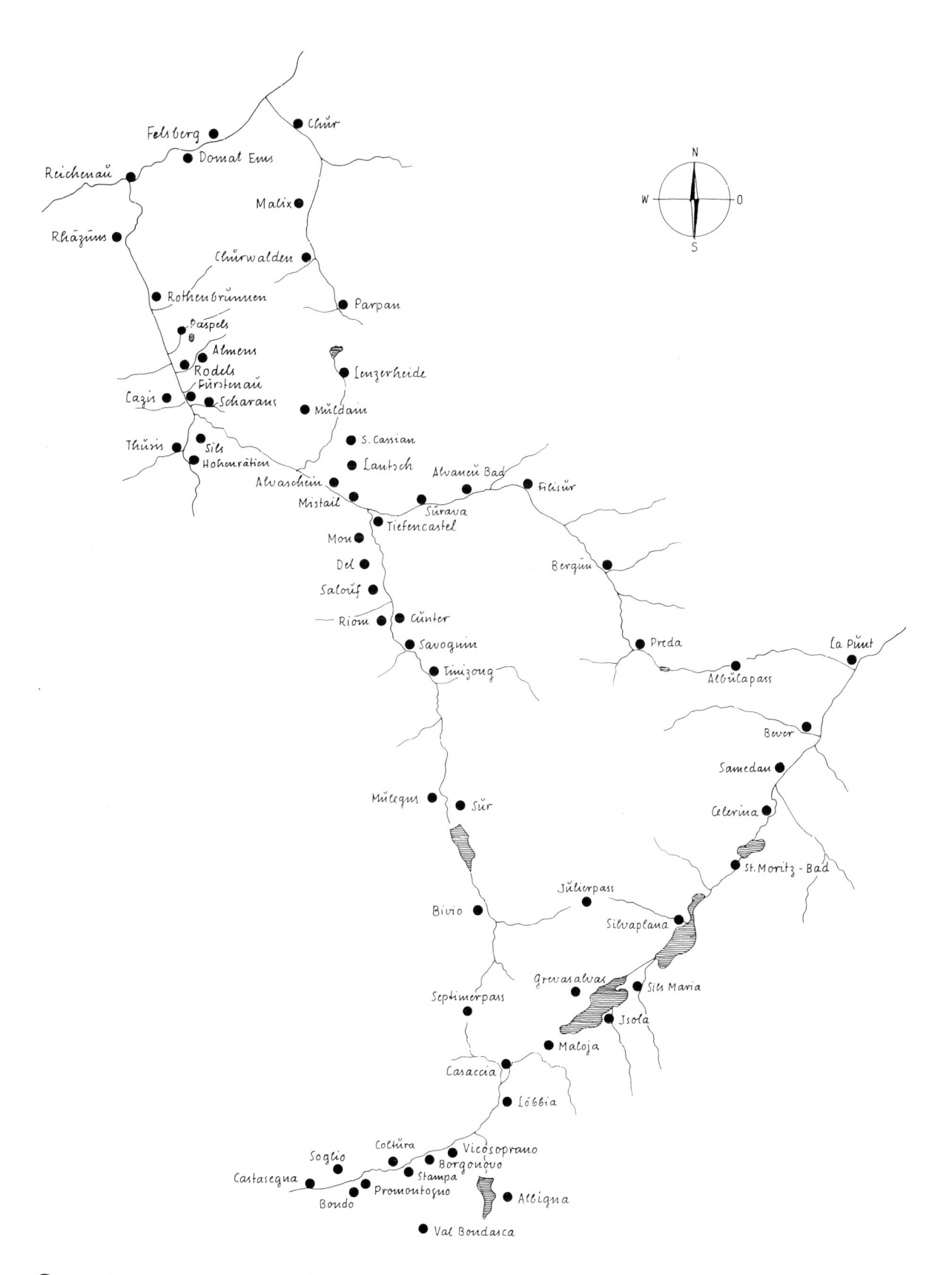

Umschlagzeichnungen:
Titelseite: Strasse in La Punt
Rückseite: Erker in Filisur

© Orell Füssli Verlag Zürich 1979
Gesamtherstellung: Orell Füssli Graphische Betriebe A.G. Zürich
Printed in Switzerland
ISBN 3 280 01128 0